U0043395

夏曼・
藍波安
作品集2

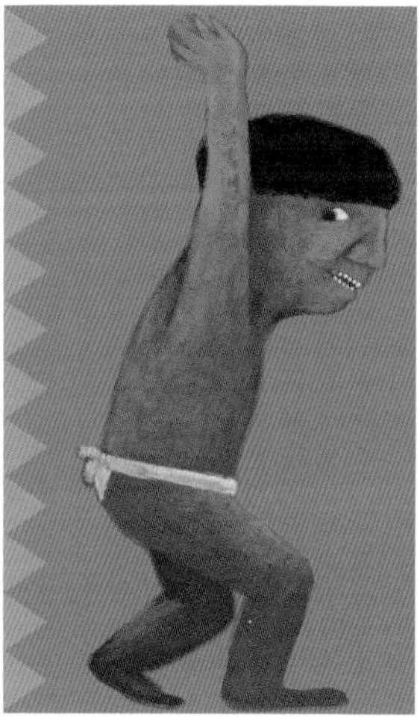

# 八代灣的神話

夏曼・藍波安／編著
儲嘉慧／繪圖

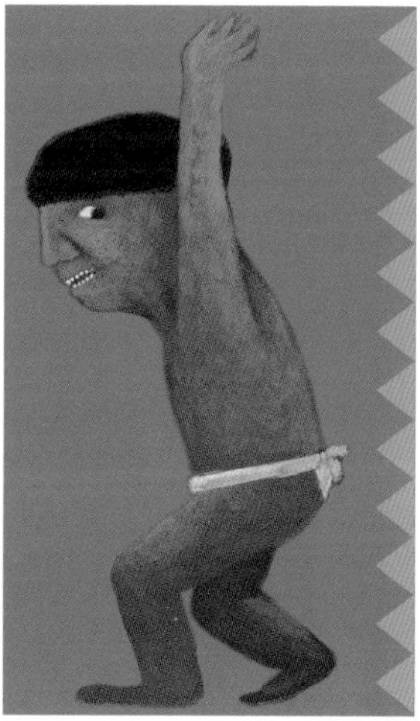

〈新版序〉

# 原初的痕跡

夏曼・藍波安

記憶的開始是在我兒時某個夜晚，是個寒冷的冬夜，我靈魂先前的肉體（意指先父）告訴我，說：「我有很多的故事，等你長大之後，我會跟你說那些古老的傳說。」

小島上寧靜的生活環境，望海聽濤是視覺、聽覺與感覺唯一的選擇，而部落社會的樸實是塑模我心靈淨純的空間，父親說給我聽的傳說故事是我記憶的初始教育，啟發了我的夢。

我清楚的記得在我妹妹出生，約是一九六〇年之後，無論是冬季的颱風寒夜，或是夏夜滿星的夜空，我經常纏著父親在入夜之後帶我去看部落裡一位漢人開設的雜貨店內的煤油燈（蘭嶼在一九八二年才有電燈）。我喜歡看煤油燈照明周圍時，其不規則的幻光，浮動的燈罩只能看清人的半邊臉，另一邊好似永恆在幽暗處的感覺，那種感覺當時我還滿喜歡的，好像一則一個人的故事，永恆沒有結論，這不是光明與幽暗的對比，而是某種想像遊走在灰色地帶，好似雲朵的層次不是在天頂，也不貼在地表上，是屬於自己的心靈世界，在觀賞想像的同時，便在父親結實的肩背上睡著了。

當我被喚醒的時候，依然是黑夜，家裡用柴薪燃燒的火光照明五坪不到的地下傳統屋內，母親說給我聽的鬼故事，許多的小鬼也好似在幽暗處偷窺我似的，不得不請求媽媽不要再跟我說那些鬼故事。柴光由小到旺，爐灶邊柴火的光明旺盛，可是父親怒視我說，男孩不可靠近火光，否則將來長大後，冬季的冷海會咬你的皮膚，因此我只能望火。風從石縫竄進屋內也讓柴光只照明父親、母親半邊的臉，那股深刻的記憶是樸實的生活，刻痕著人類在最自然的環境下討最基本的物質填胃壁，親人被照明的半邊臉，更透露著祖先分類男人女人吃的魚，心繫著深深的感恩的面容。然而，半穴居的達悟傳統屋的爐灶邊家父光著上身解剖大石斑魚、大鸚哥魚，他往往把男人吃的斑點石斑魚，生的眼睛給我吃，而鸚哥魚的眼睛則給我母親吃、妹妹吃，然後父親再次的切割魚肉片沾鹽生吃，那是我兒時，喝新鮮熱湯前的開胃食物。

熱湯在冬夜的黎明，不僅給我肌膚有溫熱的特別感覺，同時也開啟了我對海洋的熱情，對父親的敬愛，以及對未來的想像。

石斑魚、熱湯開啟我的小小腸胃，父親也從那個時候起跟我說；「你長大後，我有許多許多的故事要跟你說。」

「是什麼樣的故事？」我想在心中。

故事還沒有跟我說，在我小四之前，父親依然經常在寒冬選擇大潮的夜晚與友人在海溝的溝口以掬網封住，我們稱之manaza taza。寒夜、暗夜的出海，是父執輩們的經驗累積，智慧的傳承，以不能再簡單的工具獵魚，其行為背後的文化解釋，是男性以行動敘述男人該做的工作，許多諸如此類的行為，反射在家屋、新船落成時的慶功歌會，在汪洋漁獵、在深山伐木、在緩坡地開墾種芋頭，皆是說故事的重要元素，這就是家父跟我說過的，「勞動的同時，也是創作詩歌的時候。」

其實，我是不曾期待父親跟我口述屬於我民族的童話故事，或是家族史，家父也不強調那些神話、童話的重要性，只是在許多沒有電燈時的夜晚，父親很自然的以童話故事哄我睡覺，以神話故事啟迪我的想像，如今在現代化的漩渦裡，其延續的輻射脈絡，其實就是我達悟民族與自然環境共生的生活哲學。

小四時的某個冬夜，我的班導師的宿舍就在我家附近幾步路的距離，隔壁就是新蓋的天主教堂（它現今依然存在）。彼時，那位老師在每星期的三、四，跟我們幾個他認為慧根還不差的同學們口述《西遊記》。我聽了數回，只能記得人名、豬名、猴名等等的，至於西遊記裡的劇情，我似乎絲絲的記憶也沒有，對於此，我個人的解讀是；西遊記所有的一切一切，原來跟我民族的邏輯思維一丁點的臍帶關係也沒有，因為從小腦子裡的影像與記憶盡是海洋濤聲、魚精靈的被擬人化，以及人敬畏天神、海靈的故事。

父母親在二〇〇三年的三月同時辭世，傷痛是我們作為人子都有的感觸。然而，對於跨越遊走於傳統與現代，

主流與邊緣，機動船與拼板船，徒手潛水與水肺潛水，殖民者與被殖民者，華語、英語等語與母語，e時代的孩子們與戰前的叔輩們，本民族的集體問題，國內與國外……溶化於我心海，常常的這些時空在顛覆我，困擾我，還真的不知所措。

這些我心海裡的許多困惑，我用徒手潛水做消極的抵抗，然而在上了岸，在每天凌晨起來的今天，在我放空的此時段，過去的記憶、父親的神話、童話故事成了我現今生活思路的泉源。我不曾探索神話故事的合理性，也不否認童話故事的荒謬，畢竟那些是一個民族營造樂趣的源頭。兒時在比夜空更幽暗的傳統屋的空間，是數不清的暗夜啟迪我個人的夢想，如今國宅家屋的燈光明亮，增填了我許多的困惑，迷航在比海洋波紋更為複雜、艱澀的現代。

八代灣的神話故事，如今再次的出版，那些字字片語背後的說話人，我的致敬的雙親，業也捲走了故事的真理，回到他們出生前的世界，而思念親人的背後留給我的那些與這些，是我現在的永恆資產也將說給我未來出世的孫子，我的幸運是，主流群組裡，我的養分源自於極為邊緣的傳說。

謝。

對於聯經出版社的朋友們的努力，對他們的感激就像我思念我父親一樣的廣闊，謝謝。

最後，請熱愛我的朋友們，原諒我對都會生活的冷淡，對都市的熱情漸漸衰退。荒謬的是，我現在正在熟悉使用ipad，敬請指導我，朋友們。

完稿於蘭嶼家屋

二〇一一・一・廿九

# 目次

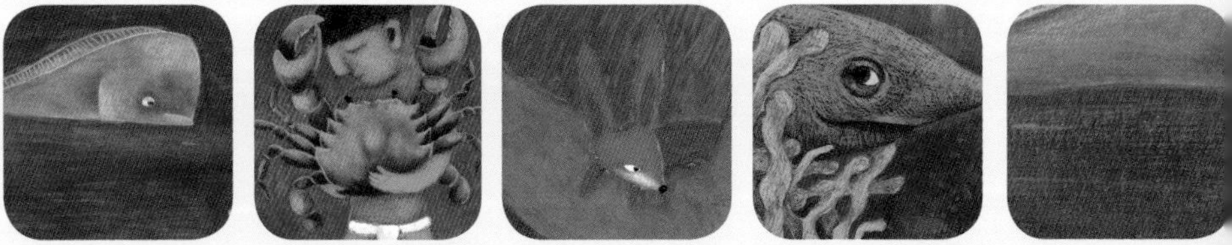

# 八代灣的神話

## 卷一

# 貪吃的魚魂

很久很久以前，大概在渾沌時期，依慕魯庫村（紅頭村的前身）裡，據說經常有魔鬼在深夜到村子裡，偷吃人家煮好的地瓜、芋頭等食物，使得村人都焦慮不已、惶惶不安。

有一天，在冬季寒雨綿綿的夜晚，從海裡出現了一個奇醜無比的鬼，他專門偷吃人家煮熟的地瓜、芋頭、山芋。此時，有一戶人家發現他們所煮的地瓜，在每天早上起床的時候，總是減少好幾個，好似魔鬼吃定了他們這一家。於是，男主人就吩咐孩子們到海邊岩礁捉alimango（最會咬人的蟹），孩子們捉了好幾隻的螃蟹。到了晚上，女主人一如往昔的煮飯，等地瓜煮熟且稍冷的時候，男主人便把孩子捉來的螃蟹安放在陶鍋裡

CHU CHIA
201

面，然後用姑婆芋的葉子細心的封住，男主人認為一切都已佈置好後，便請家人安心睡覺。

這一天晚上，魔鬼真如往日準時的來到了依慕魯庫村，並且又挨家挨戶的偷吃村人所煮好的東西。最後來到了這一戶人家，他將後門輕輕的撥開，把身體靠在爐灶旁最佳的位子，用手細心的挖破焦黃的姑婆葉，然後手慢慢的伸入鍋內，欲摸出最大的地瓜來吃。這時，鍋內的螃蟹發覺有異物入鍋，便極力張大螯口，用力箝住入鍋異物，那魔鬼痛在心房，卻又不敢張口大叫，深恐驚醒這家人，在極度兩難的情況下，只好苦苦的哀求大螃蟹說：「Jimorana songita yaken, to mo na tenngi wo nakem ko」（意思是說：「請你勿再使力咬我，你知道我的心意（自認倒楣）。」

此時，男主人早已察覺，就在魔鬼痛苦的自言自語的當時，手裡握住一把木刀，從鬼頭上的靈魂向下猛力刺入頭內，砍中靈魂的要害，那魔鬼便倒地死亡。主人終於鬆了一口氣，然後把魔鬼的身軀丟棄到豬舍，第二天的清晨，他們在該處看到全是一堆魚骨，主人才恍然大悟的說：「原來是魚的靈魂在偷吃咱們的東西。」從此以後，村人的食物就不再被偷吃，開始過著平安的日子，而殺死魚的那位主人，在日後便成了族人敬重的長老。

在達悟族的渾沌時期的傳說故事裡，有這樣的詮釋說：「白天不睡覺的魔鬼可以看到陽間的人類活動，相對的，晚間不睡覺的活人，亦可目睹魔鬼在夜晚的生活作息，但互不攻擊。」

# 兩個太陽的故事

達悟族曾經這樣傳說著……

在很久……很久……以前，聽說有兩個太陽在照射地球，因此那時沒有晝夜之分，而達悟族的祖宗就是靠著兩個太陽的熱能來烤熟食物果腹。

當時有個母親在準備上山採集食物，她對女兒說：「外頭有兩個太陽，炙熱的光將致人於死，希望你就待在家裡等媽回來。」

女兒回答說：「不，我非得跟你去。」「不行。」媽媽說。此時，小女兒開始哭鬧，拉著母親的腳不放。

母親又說：「你真的還很小，你的皮膚尚無法承受兩個太陽照射，待你稍長，媽一

定會帶你上山的。」女兒依然拉著母親的腳且哭涕的說：「無論如何，我一定要跟你去。」不管母親如何勸阻小女孩，就是無法哄騙她，於是母親很痛苦的揹著女兒上山。到了山上的田地後，母親就把女兒安放在樹蔭下且對她說：「你就靠在這大樹旁乘涼，千萬不要離開。」女兒點點頭以示遵守母親的話語。說完，母親便下田除草，採收芋頭，背部揹張樹皮製成遮光物，使其能安全的在炙熱的陽光下工作。母親一面除田裡的雜草一面看看樹蔭下的女兒。

每當母親拔除一把雜草時，就挺直身子看女兒，這樣的動作重複十來次之多後，便回到樹蔭下休息看孩子，見孩子安全、平安睡著時，又繼續的到田裡工作，一面工作，一面哼著歌給女兒聽。哼完六、七首歌後再次回到樹下探看小孩，此時發現孩子的身體已經僵硬斷氣了。母親搖動孩子無數次，冀望能喚醒挽回小女兒的命。可是，她發現這個動作於事無補，她傷心欲絕，悲痛萬分的抱

著孩子痛哭說：「孩子，不是叫你不要來嗎？為什麼不聽媽媽的話呢！」知道已經喚不回孩子的性命，便抱著可憐的孩子面對天上的兩個太陽，用食指指著其中的一個太陽，因她堅信孩子的死一定是被炙熱的太陽曬死的，是太陽奪走孩子的性命。食指指著太陽唸咒語道：

> 我用食指指稱，奪走孩子性命的兇手。
> 孩子的靈魂你若有靈，就順著食指的方向，
> 撲滅取走你性命的太陽，避免再傷害其他無辜的孩子。
> 孩子的靈魂！
> 你若聽到媽媽的哀號，就去撲滅吧！

唸完咒語便抱著孩子回到樹下，母親把臉貼在孩子的前額，淚水滴滿了孩子的身軀，天神看了非常的難過。

此時，另一個太陽便漸漸的失去了熱能，最後便成了月亮。

# 巨人與天空

達悟族對於遠古時代的一些故事流傳，並不是很多，即使有，亦僅是入夜後父母哄小孩入睡的一些故事，而類似此故事，在有口述祖先種種能力者的族人裡，巨人與天空的故事是不應傳述給孩子的神話之一。

據說，在很久很久以前，天空並沒有像現在這般的高，達悟族人活動起來，總是覺得有壓迫感。如今，為何會變成這般高呢？有一則故事是這樣的：

在蘭嶼達悟族遠古時代，有個人名叫Si Kazozo，出生時與一般嬰兒無異，奇怪的是他比一般小孩長得快且壯碩，他的雙親驚訝不已，在族人裡被視為異類。Si Kazozo，一天比一天長大且不停的增長，一般正常的族人在他眼裡逐漸如小螞蟻般的小。這天早晨，當他坐下來時頭部便碰到了天，此後便覺得活動空間縮小，行動起來更是不方便。

有一天，Si Kazozo再也受不了了，他認為如此低的天空處處限制他的行動。「如此下去，我一定會被這低矮的天空限制得無法喘氣呼吸。」他愈來愈氣憤，而其雙親亦不知如何是好，族人看他亦看不到臉，在納悶氣憤之餘，Si Kazozo一腳踩到Jipeygigen，另一腳踏Jipaleytan，雙掌頂著天，慢慢的把天空往上頂高，愈頂愈高，頂到雙掌無法再摸到天時方休止。當他可以直立行走時，他便說：「這才是人住的地方。」就這樣，天空才變得像現在這般高了。

# 依拉岱社的傳說

很古很古以前，相傳在依拉岱社有條長長的竹子直通天空，這是被某人豎立起來的。由於年代種植的時間長，所以，竹子皆已長滿葉子，每年適逢祭祀神鬼的節日，村中成年男子便將船隻停泊船區的海邊，吟頌詩歌，祈求神祇賜福、食物豐收。彼時，那根長長的竹子，即是天神們下凡人間的梯子，取走他們的食物橋樑。

當時，在依拉岱社有兩位兄弟早失怙失恃，生活十分困苦令人憐憫。家產已空，祖傳之芋田也已被他人奪佔，最終，兩兄弟落得與豬為伍、與其爭食，為此使得兩兄弟的體格瘦弱無比。

有那麼一回，天神在注視觀察依拉岱社的村人時，天神的女兒看到這兩兄弟如此困

CHU CHIA H
2010

窘無依，流下同情的淚水。於是他們即順著長長的竹子，下凡到人間，顯現在兄弟倆的眼前。「哦！」兩兄弟不約而同的驚愕道，並且顯得十分的高興。仙女長得清純漂亮，白嫩的皮膚，四周還閃閃的發著銀光，他們羞怯得不敢正視仙女。

過了一會，仙女便對哥哥說：「請你們不要害怕，我來的目的，即是為了要幫助你們，我可否和你們同屋居住呢？哥哥回道：「真不好意思，我兄弟倆是失怙失恃的孤兒，我們拿什麼東西來侍奉你呢？你敢跟我們一塊兒住嗎？」

仙女回答說：「你過來看看，」指著較年長的，而後走到毛草區，抓把毛草，仙女用此覆蓋在哥哥的身上，沒多久又拿掉，頓時，改頭換面，成了英俊的年輕人，身體健碩、健康，就像所有的英俊男士的模樣。如此，他倆便訂定終身大事。

此時，仙女說：「我們去右方的那座小山居住好嗎？」她的先生回答：「在那兒我們沒有鄰居，單單獨戶是不吉利的。」然而，仙女終究一直堅持她的意見，最後先生終於答應說：「好。」

在那兒定居下來之後，先生覺得很驚奇，因為不用什麼勞動就有各式各樣的食物。

如魚類、羊肉、豬肉、大粒香芋頭、地瓜等擺在眼前，這些食物令先生百思不解。

時光荏苒，放眼望去已過了好幾年，在他們育有三子女之後，情況仍如往昔一樣，食物自動出現在眼前而不用煩惱沒東西吃。這些食物全是仙女神法變出來的，此使得先生心神不寧，因此害怕。

先生憋了好一陣子，在無法忍耐的情況下說：「請你跟我說，我們吃的這些東西是從哪兒來的，畢竟，我不下海捉魚，我們又沒芋田、旱田，也沒飼養豬、羊。」說完，令仙女更是驚訝萬分。

仙女回答說：「真不好意思，事到如今我也沒啥好隱瞞的了。事情是這樣的，在我們的這個家，我有個倉庫，貯存食物的地方，千萬記住，此事不得張揚，也千萬不要因好奇而打開那扇門，假若你不聽我的話，我們全家人將被詛咒。」仙女很認真的向她先生解釋。

自此，過了好些日子之後，先生始終擔心得無法入眠，老是惦記著這個「倉庫」。

有一回，在深夜，他那仙女的妻子不在家，趁此時，先生悄悄的走到妻子所謂的「倉庫」，正值他的兩位男孩瞧見，翻開那扇門，哇！不得了，有釣魚的、養豬的、勞動的、種芋頭的、種地瓜的，無奇不有，觀察了一會以後，因害怕又把那扇門關起來了。兩個男孩是目擊者，只好把他們綑綁在一塊。

過了一些時候，仙女回家了，和往常一樣去她的「倉庫」。結果，她一看，所有的僕人已經不見了，同樣的也沒有食物了。此時，怒氣沖沖的她對先生說：「你還真的是不聽我的話的人呢！」說完，便帶著女兒離開，爬上竹子回到天上的父親家。

仙女遺棄他之後，他就帶著兩個兒子回到依拉岱社和族人們住在一起。

依拉岱社因此典故的由來，所以他們正宗的祖先有兩個，第一宗族是仙女的後裔，另一宗族是從硬頭爆裂出來的石人之後裔，這是道地的依拉岱社之祖宗。而仙女之後裔延續至今，可分四支的漁團組織，可能更不止這些，因那已是很古的歷史傳說了。所

以，正統的仙女後裔，在他們主屋裡，有個小閣樓似貯存飛魚乾的地方，這是他們的記號，並且亦為善游能捉魚的漁團組員。

這是我從祖先那兒聽來的。

# 救母歷險記

很古很古以前，在Jimasik村落有一對母女。有一天，母親對女兒說：「孩子，我們去山上挖山芋，去我們的旱田。」

到了她們的旱田，就開始挖山芋。過了好一陣子，女兒對母親說：「媽媽，這兒有個很像人的頭形的山芋。」母親回道：「那些不足驚奇，原來山芋的根莖就是奇形怪狀的，很多形狀可比喻。你就繼續挖罷。」

女兒於是就繼續挖，而後愈挖愈深，此時，女兒看到似是前軀胸部以及有髮絲，但她不敢拔除去掉毛髮。於是女兒高喊說：「媽媽，我已經挖好了，可是我沒力氣拔出來，你來看看，真的很奇怪。」由於煩躁女兒的嘟叨，就親自去看了。母親看時，「對呀！是啊！怎麼那麼像人形，我們來挖掘回家，給你父親看看。」母親說。在說完的同時，似人形的山芋立即起身抓住母親，女兒來不及撲抱媽媽的雙腳救她。女兒眼看事情不妙，高喊大叫：「媽媽！」然而，人形的山芋已經長出了厚堅的翅膀，抓著媽媽不放。一直往南飛翔，不管女兒如何的苦喊求救，只見影子愈來愈小。

孤單的女兒循著山路，邊走邊哭，哭得很淒涼。

回到了家後，父親便問女兒說：「你怎麼哭了呢，你媽媽在哪兒？」女兒稍稍停止哭泣，並把剛才發生的事一五一十的告訴了爸爸。原來如此啊！父親略帶傷感的安慰女兒說：「放心，我會去救你母親的。」

原來這對年輕的夫妻育有兩男一女。兒子隨著時間逐漸長大茁壯。有天，父親帶領兩個兒子上山工作，在回家的路途上，若遇到藤條在路旁的話，父親溫和的帶有命令的口氣說：「老么你去拔掉那條藤看看，」弟弟於是順從父親的話，立刻去拔那藤條，結果失敗，而後又令哥哥去拔，哥哥人較高大粗壯，很快的就把那藤條拔除，父親想藉此

考驗他的兩個兒子的力氣，可是並沒有說出其中原委，就這樣回家了。

又過了好些年，父親又帶領兩個兒子上山工作，父親同樣的命令兩兄弟拔藤條，考驗他們是否有力氣。由於已經過了好幾年，所以兄弟兩人便可輕易的拔掉藤條，父親心中感到十分的欣慰。

在往後的兩年，父親皆命令兒子們上山砍伐巨木，拼板的做了船。造船竣工之後，又令兒子們上山砍堅硬的木條，並削尖前部作為標箭的利器，殺死那抓走孩子母親的魔鬼。當他們做完萬全的準備之後，父親語氣沉重的說：「孩子們，把船推到海上，我們去救你們的母親。」

船漂在海上，父子三人一同往南方的小島划去，船遠離了島嶼，船也載乘父子三人救母的責任。當他們每遇其中一個島便泊船靠岸尋問母親的下落，一個島接一個島的尋問查訪，所得到的回答盡是「沒有。」三人再往南的方向划，槳和心是同樣的沉重，他們的心情更是沮喪萬分。然而，孩子的父親心裡想著：「孩子的母親，一定在這些島嶼中的某個島。」孩子們划著復划著，炙熱的陽光，波波的浪濤耗盡了他們的體力，他們大約經過了廿多個島嶼。

當他們划到最後一個島嶼，父親很生氣的說：「他媽的，無論如何非找到你們的母親，你們下船去問島上的人，就說：『你們這兒是否有個新搬來的住戶？』兄弟倆在疲憊不堪的情形下，聽了父親提振精神話之後，又抖擻起來了。在他們游到岸上後，恰巧遇到一位婦人提著水，兄弟二人向前問候，並詢問她說：「你們這島上是不是有新搬來的住戶。」

提著水的婦人回道：「是有新的住戶搬來，不過已經有好幾年的光景了。她就住在山頂那兒，經常在涼台上織布，並每天唱著很哀怨的詩歌，意思大意都是懷念她的兒女，好幾年了未曾中斷。」

兄弟兩人同聲道：「阿姨，謝謝妳！」他們心情興奮地跑向在海邊守船的父親，並且把事情的經過告訴了他。父親便道：「孩子們，我年紀已大，可能爬不上那座上，我在這兒看守船隻，你們兄弟兩人去拯救你們的母親。」於是兄弟兩人循著小徑上山去尋母親。爬上山頂後看到了一戶人家，涼台上有個婦女在織布，他們心裡確知那位就是母親，於是高喊著：「媽……媽……」。

那位婦女回道：「你們是誰呀？」因早已認不出已長大成人的孩子了。爾後兄弟兩人便敘述一些事情給她回憶。可是她仍舊不信他們是她的親生兒子，便道：「假若你們是我的親生骨肉的話，那兒有沸騰的水，你們就把開水倒在身上，倘使它不使你們身軀起泡疼痛的話，我才相信你們。」母親這樣說。

不一會兒，兄弟兩人便把沸騰的水潑澆在身上。結果他倆並沒感到疼痛，也沒有起水泡。如斯才使得她承認了。之後，立即吩咐她的兒子們取下懸掛在工作房旁的魔鬼的翅膀，放火焚燒。火勢熊熊的燃燒，母親拿走財產後，母子三人便直奔海邊。到了海邊，夫妻兩人沒說什麼話。母親立刻命令他們趕緊用力的划船，因那個魔鬼很快就會回來。

當魔鬼回到家後，家已空無一人了。懸掛在工作房的雙翼大翅膀也不見了。他環繞家屋，火冒三丈，於是大叫說：「王八蛋，達悟島的人類，奪走我的翅膀，詛咒你們出現在我的魔眼裡。」說完，便看到了四人一船的划向北邊的方向。母親緊張萬分的說：「我們已經沒有命了，劫數已到，看！那個大魔鬼飛來了。」

就在此刻，父親說：「不論我們能否活著回到我們的島嶼，我們來的目的就是救你們母親的，就在這海上與魔鬼奮力一搏罷。」不一會的光景，惡魔已來到了，立刻展開雙翼，猛拍海面，海面不久起了大風大浪，好幾回船就要翻覆，幸好一人用槳使力平衡船身。此時，船上乘載的木製長矛，就像雨滴似的猛向惡魔標去，可是無一標中惡魔的要害，同時，惡魔在上方大喊大叫，彷彿提前慶祝勝利似的，海浪不停的起波濤。眼看船上剩下最後一支長矛，沒標中便葬身異域。父親抓緊了長矛，並唸起咒語來了，說：

「我船身的靈魂／願你是有眼睛的靈魂／直向標中惡魔的眼睛／」

就在此刻惡魔逐漸逼近他們船身的同時，「咻……」長矛直向惡魔的眼睛穿射，「nga」……惡魔痛苦的慘叫聲，身體衝向海面沉下去了，船身四周染起了紅紅的血，覆蓋在海面，一場人與惡魔的打鬥結束了。

戰勝的心是非常愉快的，一船四人高高興興的划著船，划向他們的島嶼。

這是Jimasik（紅頭）村的故事，為拯救被惡魔抓走的母親，不辭辛勞的由達悟島一槳一槳的划向Ivatan島救母的感人傳說故事。

# 西・巴魯威的故事

在很久以前，達悟族人把自己的口傳歷史，大致分為洪水淹沒前和洪水淹沒後的兩個階段。一些殘斷的記憶，雖然不是經如椽大筆的記錄下來，但在沒有污濁的俗事干涉記憶的情況下，長老族人的口傳史，在結繩遺物、刀鞘刻痕的幫助下，有些傳統的故事是可信的，而且故事裡的人皆富有海岸傳奇人物的性格！且看看達悟島上以前究竟發生了哪些有趣的傳說！

## 貪吃

西・巴魯威（Sipaloy）是依慕魯庫村（現在的紅頭村）最富傳奇性的人物，卅來歲的依慕魯庫的年輕人大半皆可說些他的一些糗事。西・巴魯威是達悟島被洪水淹沒前的人或是鬼。他是活而死亡，死而復活、人間與陰間的，在他生命過程中是循環輪迴，永遠沒有停止。

聽說西・巴魯威有一個不太勤奮似又寡言的妻子，但他們小倆口始終沒有生兒育女，而且兩人的性格都很怪異，善與惡在他們身上是沒有分別的，由於這樣，他倆成了村人脫離不了的談論焦點。西・巴魯威有兩個姪兒，長得英俊瀟灑、身材魁梧。因此，早早就娶妻成家。

有天，西・巴魯威拿著標魚木叉到海邊岩岸標魚，這天，他標到很多很多的魚，在回家途中就鑽進ango叢（林投樹）裡隱蔽且偷偷的把大魚殺了而後生吃，最後剩下小的魚就裝進網袋裡提回家。這像小時候，由於吃得太飽而感受到肚子很脹；好像很多天沒有被餵食的母豬突然暴飲暴食的模樣，走起路來搖搖晃晃，慢慢的徒步回家。他之所以如此，並不是因為有扛不動的大魚，而是肚子脹得帶不動，再說岩礁的路和人道小徑，崎嶇不平，都很難行走，使得西・巴魯威行動緩慢。路人下山回家看到他滿載而歸時，都向他討好道賀說：「Ana（喂，輕浮的招呼詞），很多嘛，被你標叉的魚；你真的是很會標魚的人呢！」西・巴魯威不徐不疾的回道：「你幹嘛如此這般的詛咒我的魚兒們呢！（不要如此誇讚我，只是魚兒沒長眼的被標叉啦，不值得驕傲喝采。）」

西・巴魯威的妻子在做完家事後，便等候先生回來。她放垂頭髮正要梳時，突然有位村人奪門而入，氣喘如牛、追羊似的告訴她說：「你先生好像就要回來了，揹著很多的魚。」「別胡說啦，我從未見過他出村標魚，這怎麼可能呢？」（看到魚之後我才信，切勿如此報佳音（或咒魚身們））。這位村人走後，西・巴魯威之妻開始生起懷疑的火苗來，偶爾還隱蔽自己的往門外望，看看先生回來了沒？不久的一會兒，西・巴魯威終於出現了，他的腳步沉重的震動了整個茅屋，差點就把疊疊砌整的石頭震垮下來；一進門就摔下背上的魚，對妻子說：「今天標叉的魚不但少而且又小，真是倒楣透了（口氣是溫和的，而表示出無奈的樣子。）」他的妻子很溫柔且懷疑的說：「有人說你標了很多的魚。」西・巴魯威目瞪妻子答道：「別聽人瞎三話四。」此刻，西・巴魯威之妻

已察覺到先生的肚子脹脹的，心中醞釀起跟蹤先生的念頭來，如果下次有機會的話，她想。

過了一些日子，有那麼一天，西・巴魯威對妻子說：「很好，今天的天氣（今天天候特別的好），我想去標魚。」妻子說：「很好，希望你早點回來，別令我擔心哪。」西・巴魯威吃過早餐後，就準備標叉木、網袋，然後動身往海邊方向走。抵達標魚地點後，他就下海去了，此時，並不曉得妻子在後跟蹤已有多時了。

西・巴魯威在海裡拚命的叉魚，叉到他手上無法負荷網袋的重量時，方罷手上岸。

妻子眼看先生西・巴魯威就將上岸，慌張之餘就身子匿在雜草叢裡。由於雜草莖根茂盛且繁雜交錯無序，阻礙視線，非得對方走到近身約莫十公尺之內，方能清楚察別對方為何人，因此，西・巴魯威走到這樣的距離時，他的妻子方分辨出是他先生的身材模樣。

西・巴魯威標了很多魚上岸後，依舊的從林投樹叢方向走，但他還未察覺妻子跟蹤他已多時了。他把背上的魚放了下來，活跳跳、鮮嫩的魚肉真的是令他垂涎無限，巴不得一口全部吞下。

妻子此時目不轉睛的注視著先生，就是四周惱人的一群蚊蟲如何叮咬皮膚、吸取其血也毫不在意。她的眼睛正視西・巴魯威把魚分類，堆了好多組，其中一堆是最鮮豔、色彩華麗、肉質嫩美、魚形漂亮、游姿俊美、鰓形細滑、血較清、魚性善良可親的、呼吸有節奏的……還有另一堆是比較粗糙的皮，形狀較怪異、醜陋、游姿笨笨、柔軟度不太好，嘴臉不令人討好、呼吸樣不溫柔的，也堆在一旁（乍看起來不營養）。

這些令在隱匿暗處的西・巴魯威妻驚訝不已，西・巴魯威握著有鋒刀形的石頭以最快的速度把魚鱗刮除。西・巴魯威正要以手為刀的

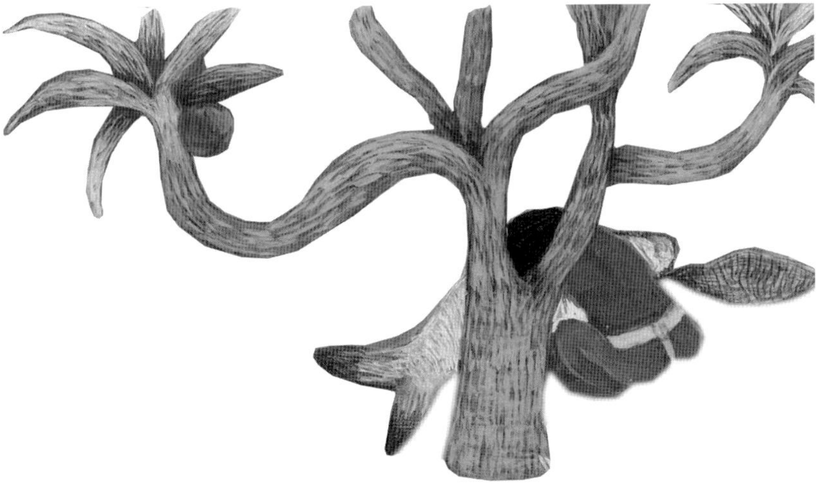

挖掉魚腸準備進行吃的行動時，耳邊突然傳出令人心驚膽破、毛骨悚然的怪叫聲，令心神平靜、愉快的、膽小的西・巴魯威喪膽的拚命火速的衝向村子的方向；無論道路如何的彎曲、崎嶇，林投長滿刺的長形葉如何刺他全身；礁岩路段的礁峰岩如何尖銳的刺穿硬厚的腳掌，他竟然若無其事狀。那奪人心魂的慘叫聲，西・巴魯威一想到便怕得恨自己飛不起來。直到遠離那地方，慘叫聲漸消失於耳際，驚嚇狀略安後，在很喘的同時，想到：「待會回到家要怎麼向妻子交代呢！」在這個時候，他太太早就已走捷徑回到家了。過沒多久，西・巴魯威回家，一進門就趕緊向妻子解釋說：「我的妻子，今天沒標叉到魚，很對不起，這是因為有人故意驚嚇我，害得我怕到恨自己飛不起來。你看看我，全身盡是林投刺，傷口到處，我已經不是人了（遍體鱗傷，體無完膚）。」心知肚明的妻，佯裝若無其事樣，不作聲的幫西・巴魯威拔除佈滿全身的林投刺，去除無數的尖刺已是一段光景了，後來妻子問西・巴魯威說：「你為何將你標叉到的魚，在荒外某處吃了呢！」西・巴魯威死不承認且口氣堅定的說：「我不是都把魚帶回家嗎？只有今天沒有而已啦！」妻子心想，好傢伙，還想要狡賴，於是厲聲的說：「你還想狡辯嗎？

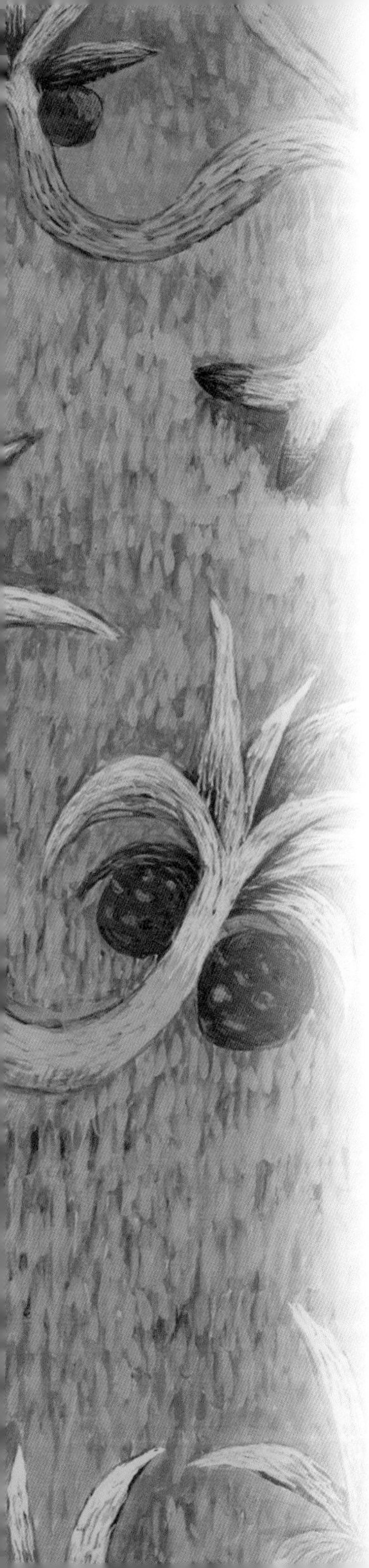

在林投樹叢的慘叫聲，你知道是誰？」西．巴魯威左思右想到底是誰的時候，他的妻子提高嗓音說：「就是我啦！哪會有其他的人，從一早我就跟蹤你，在你即將要把魚吃掉時，我就慘叫，你還有話要說？還想狡賴？你真的是個豬，沒有一絲成家男子應有的責任感，而且又貪吃；我還沒見過像你如此貪吃的男人呢！」

西．巴魯威心有愧疚，但語氣很溫和的對妻子說：「下次我絕對不會再到林投樹叢裡偷吃我的魚，是真的，不是假的。」

然而，西．巴魯威仍舊不改「貪吃」的習慣，只是把林投樹叢改成為岩石縫而已。

也許，西．巴魯威真的貪吃得不得了。

# 死而復活

## 1

有個天氣涼爽宜人的早晨，西・巴魯威對他兩個姪兒說：「孩子們，我們去河溪嬉戲，然後比賽喝水，你們以為如何？」兩個兄弟不經思考的說：「好啊！誰怕誰！」於是合力渠出兩道水溝，然後兄弟倆問叔叔說：「如何喝法，怎麼比賽？」叔叔回道：「哪一組先喝乾就是贏家。」「哇！喝河溪的水，怎麼喝得光？」西・巴魯威固執的說：「誰說喝不完？」兄弟倆很牽強的答應比賽。哥哥對弟弟說：「一開始比賽喝，你就跑到水源口那兒，把咱們的水渠堵住，好讓水流向叔叔那裡去。」「好的。」叔叔說：「開始比賽喝！」弟弟立刻跑到水源口，哥哥和西・巴魯威叔叔拚命喝溪水，可是西・巴魯威並未察覺娃兒們的陰謀，仍然大口大口的喝水。而兄弟倆的溪水很快就喝乾了，便走到正在努力喝水的叔叔身旁說：「叔叔，你怎麼還在拚命的喝呢！我們已經喝光了！」叔叔西・巴魯威愁眉苦臉的勉強挺身察看姪兒們的水溝說：「你們真能喝。」然後又趴下拚命喝水，不一會兒，兄弟倆聽到「轟」的一聲，跑去看，原來叔叔的肚子爆炸了。只見西・巴魯威身首分解，頭在東、腳在西，身軀不知漂飛到何處。兄弟倆於是分頭找叔叔的幾根骨頭，然後安置在Alilin（堆放小米的獨立小茅屋）裡頭，大哥唸幾句祈咒語道：「我們將你的骨髓安頓在此，第一天希望你長出頭髮、臉部、頭部；第二天身體五臟俱全，第三天長出四肢、指甲。三天後，我們回來看你時，你已經醒來復活成人了。」說完祈咒語便離去回家了。

第三天的早晨，兄弟倆回到安置叔叔骨骸的Alilin的小茅屋，只見西・巴魯威叔叔坐在石頭上梳理頭髮，兄弟倆問道：「叔叔好，你還安然無恙吧！」西・巴魯威道：「孩子們，我好得很，難道你們看不到嗎？我們回家吧！」就這樣，西・巴魯威的復活趣事一直流傳到現在，亦為達悟子孫所津津樂道的一個故事。

## 2

又有一天，西・巴魯威去找兩個姪兒說：「今天咱們沒事，我們去山岡滾石頭比賽。」「怎麼滾法？」兄弟倆如此質問。西・巴魯威道：「誰能阻擋滾下來的大石，誰就是大力士、英雄。」

西・巴魯威先上去滾石頭，兩兄弟先在山底下欲奮力接住或阻擋大石。兄弟倆面面相覷道：「西・巴魯威叔叔比我粗壯，他從山下滾下的石頭多半很重，你有多大的力氣或能耐也絕對接不住，可能會連石帶人的被壓死也說不定。」「如何，我的姪兒們，要不要接受我的挑戰？」他很自信帶傲的如此調侃兩兄弟。兄弟倆膽怯又不敢違命的回道：「好吧！」

西・巴魯威唱著歌高興的走向山崗上，在這個同時，哥哥想出一個法子來對弟弟

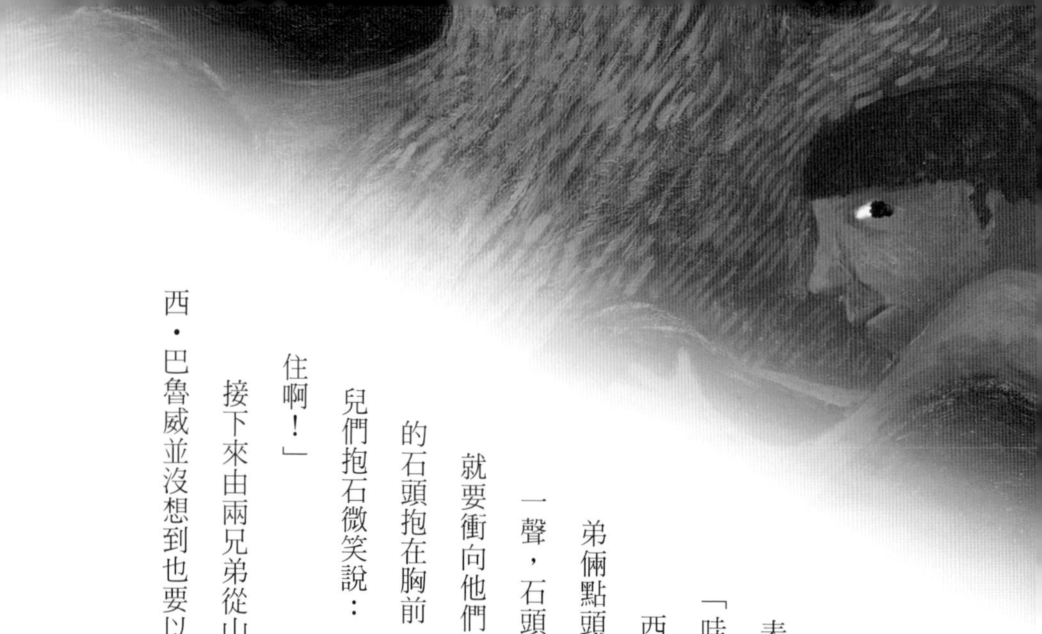

說：「大石頭滾下來的時候，千萬不要去接，待石頭碰到障礙物停止時，我們再把它抬起來，表示我們真的接住叔叔滾下來的石頭。」弟弟說：「哇！這是個好法子。」

西・巴魯威在山上做出叫姪兒準備接住的手勢，兄弟倆點頭示意。此刻，西・巴魯威找來很大的石頭，轟的一聲，石頭毫不遲疑的直奔山下，兄弟倆眼看這麼大的石頭就要衝向他們的剎那間，立刻分開撲倒於地，然後再把停下來的石頭抱在胸前，好像真的一樣。西・巴魯威叔叔下來時，看到姪兒們抱石微笑說：「怎麼樣，厲害吧！」「哇！你們真的把大石頭接住啊！」

接下來由兩兄弟從山崗滾石頭，西・巴魯威在山下阻擋石頭。然而，西・巴魯威並沒想到也要以智取勝，僅僅妄想做個英雄，對於滾下來的石頭根本就不畏懼。當兩兄弟把石頭滾下山時，西・巴魯威就奮力的接住。兄弟倆在山上喊叔叔時，早已聽不到聲音。任憑他們嘶喊嗓子也無補於事。待兄弟下山察看，西・巴魯威早已肢體分離，遍地血肉。此時兄弟兩人再次合力的把叔叔的骨骸、頭髮撿起來，安置在Alilin的小茅屋。唸祈咒語道：「我們敬愛的西・巴魯威叔叔，企盼你第一天長出頭部，第二天身軀、血管成形，第三天四肢完備。」唸完就離開了。第三天傍晚，西・巴魯威仍坐在地上安然無恙的理身梳髮。

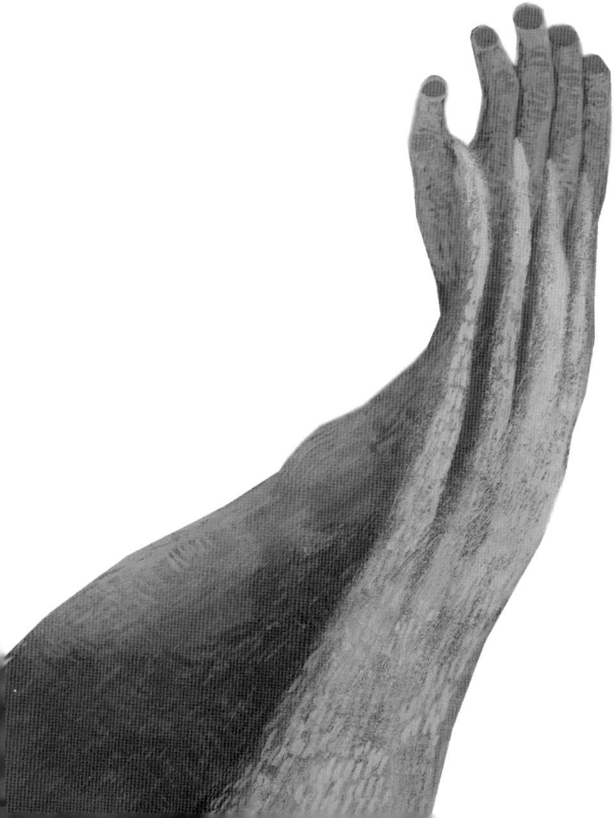

# 小男孩與大鯊魚

由於是很古老的傳說，因而，老一輩的族人已記不清這小男孩的名字叫什麼，他的雙親是石人或竹人，後裔亦無法交代清楚，他的故事之所以廣為流傳，除了那長得濃眉大眼，惹人喜愛的臉孔外，主要的是，他與大鯊魚成為好朋友，在當時的達悟社會裡，此常被詮釋為人鬼混合的靈魂軀體。

故事是這樣開始的。在Jimasik社有對夫妻結褵了八年，膝下仍無子女，在社裡他們被喻為模範夫婦，除了天天上山外，在休閒之餘咸以微笑迎人，不談李家長、張家短，因而，社裡大大小小、男女老幼皆喜歡到這家人的涼台（Nawouod，類似漢語的院子）說故事。

有一天，夫妻倆上山挖山芋，挖到近午時分，妻子突然挖到形狀特別怪異的山芋，妻子提心吊膽的喊著先生的名字說：「快來看看，這兒有很奇特的山芋，不曉得這是吉祥物抑或有禍事臨頭？」先生手腳並用的爬向妻子那兒，到達時，確實是未曾見過的奇形異狀的山芋。此時，先生對妻子說：「妻子，我心中似乎有直接的感受，認為它是吉祥物，挖它回家，然後擺飾到主屋的Paspaton（安於陶碗、木盤的長形木塊）。」先生捧著怪異的山芋放在雙掌中，且面向藍藍的大海洋祈道：「你若真有靈魂，求你賜給我們孩子，我將奉獻孩子的靈魂——海神。」

一個月之後，妻子便對先生說：「我好像有身孕了。」先生驚奇的表情，無法掩蓋其內心萬分的喜悅。於是對妻子說道：「別太驚訝，也別張揚，或許要等六、七個月時才能證明，我們真的將有孩子。」妻子嘟著嘴，頭低低的點頭，以示贊同。

六、七個月到了，微凸的小腹迎來了全社人的祝福，先生亦更加賣力的工作，勤奮的射魚，全為了妻子與腹中的小寶貝。十個月的懷胎終於將臨，兩個接生婆（祖母輩）滿懷喜悅的走進房子，全社成年、老年男子聚集在涼台，婦女們擁擠在Makarang（客居室），孩子們在涼台遊戲，一時辰、兩時辰，先生不知吃掉多少粒的檳榔了，旁人說啥也無心聞問。終於，終於「哇！」的一聲停止了屋外所有的吵雜聲，頓時陷入一片寧靜，只聽到輕言細語、四處走動的羊群所發出的「哎！哎！」的悅耳聲，直到一位接生婆出來說道：「是、是男的。」「哇！哇！恭喜你有子繼承田產。」此時原本Si Kowa立刻成為Syaman Kekey①的身分，其心中的興奮可從他汲水數十趟不覺得疲乏看出。

孩子出世的第三天，便給孩子取名，彼時選個好時辰為最重要。孩子的父親在這一天殺了一頭小乳豬，煮了很多的上等芋頭、山芋、地瓜、魚乾，宴請社裡的長老、親朋好友。小男孩的誕生帶給了全社人的快樂，任何人皆沾上喜悅的份兒，並且村中所有的人，沒有一個人放過目睹小男孩的機會。

過了好些年，小男孩大概已經可以跟同齡夥伴到附近海域釣魚的年歲（十歲左右）。有天夫妻對獨子說：「我們要去很遠的地方去挖地瓜，可能比平常回來的時間晚一點，

---

① 意指為Kekey的父親，由於孩子名為Kekey，父從子名的關係，父親名改為此。

肚子餓的話，Vanga（陶鍋）有幾個地瓜已熟了，你就拿去當Mavaw（漢意，如便當）吃。如果還會餓的話，你就去村落的Kawozi（左邊）海礁區，撿些貝類生食，好嗎？」小男孩立刻很自信的回道：「請你們不要為我操心，我會照顧自己的。」說畢，即狂奔亂竄，在村中不規律的石砌階梯小徑，快活的去找他的遊戲夥伴。

時值正午，炎陽高照，炙熱非常，一群在海邊遊玩的小孩就紛紛回到村社裡的涼台或村落旁之小溪樹蔭下乘涼、休息。這時候，小男孩提著他的地瓜，真的往左邊方向走，一路上採集可食的海貝，走了將近九個船舟遠的距離之後，小男孩突然發現到一處天然洞穴，大約可容納七、八個大人的空間以及四、五個小孩可嬉耍的乾淨沙灘，並可通往大海洋。他覺得這地方十分漂亮又很隱密，洞穴的上方全是密密麻麻的林投樹，成熟的果實爬滿了又肥又大的Tatos（椰子蟹）。小男孩細心的觀察四周的環境，想必是他愛上了這個地方。他緩緩的攀著岩石的天然梯，下到了未曾有足跡痕紋的小沙灘，雀躍的神情宛如其母親生下他的那一剎那的驕傲。他坐在沙灘上邊吃地瓜邊說：「各位看不到的神秘，讓我和你們分享這兒的寧謐。」說畢，在他們正前方的不遠處逐漸隆起異物，中間有個三角形的Siko（船的刻紋）。最先牠只是浮出海面，海水就像被某種巨物吸飲，而慢慢的牠露出原貌，突然間，鋸子形的牙齒朝向他張口，並且說道：「很高興能與你做Kowyowyod（達悟語意為人與禽獸做朋友的親密稱謂），就把這兒當作是你家吧！」小男孩張口瞪眼的無法言語良久，猶如僵硬的泥偶一樣，大魚眼看小男孩動也不動，便緊張得不知所措，心想著，可能是被自己醜陋可憎的頭臉驚嚇到，於是對自己的長相感到愧疚。然而，此時此刻要緊的是，要弄醒小男孩。在百思不解的窘態下，牠突然潛到水底，海浪於是波及到小男孩的大腿處。在很短的時間內，大魚又浮出海面。此時大魚想到，或許浮、潛、浮、潛數十回的連續動作，可能會讓他醒過來吧！牠如斯思慮。於是便做起浮、沉的動作，便使波浪汲及小男孩的身子，這法子可使他醒來。大魚上下浮沉連續做了十回時，小男孩覺得腋部、身子有一波接一波的浪在沖擊，彼時，逐漸甦醒過來了。他緩慢的睜開眼睛，探究那龐然的怪物是否仍浮立在他眼前。浪波停息了，只有那三角形的大背鰭在水的上方動也不動。小男孩改變其坐姿，原本是與沙灘平坐，後來改為蹲坐。這時候，他緊抱雙膝，似乎在沉思樣，手掌仍握些地瓜，靜靜地觀賞眼前的怪物。而大魚也在這同時考慮是否要浮出水面和小男孩打招呼。兩者猶如在比誰的耐性強。過了很久，陽光漸漸傾斜了，洞穴的影子也變長了。小男孩忍不住破口說：「kowyowyod，你究竟是何方神祇？可否露出水面，我好想和你交個朋友。」大怪物聽到他的說話，即慢慢的浮出海面，但是，牠不敢露出巨齒。牠轉個身軀，眼睛瞄準小男孩說：「我也很願意和你交朋友，請你不要怕我，我雖然長得很醜陋，可是我很善良，你們人類稱呼為Zokang（鯊魚），意思是不但醜，而且皮膚很粗糙，又會咬人。」「真高興認識你，這地瓜給你吃。」小男孩說。一個手掌大的地瓜放進鯊魚的嘴裡，就像人吞一粒花生樣。一點感覺都沒有。然而，這個見面禮對鯊魚而言，是價值連城，因為很少被人類尊敬，人類除了懼怕鯊魚外，還是懼怕。牠對小男孩特別的喜愛。

鯊魚對小男孩說，「為了報答你的地瓜，我想帶你見識海底世界，帶你衝浪，這個海域全是我的，沒有其他的魚類敢欺負你，你願意嗎？」小男孩夢寐以求的就是要到大海上去玩，有此機會，真是天賜良機，他頻頻點頭說：「願意」，並已做好欲騎在鯊魚背上的姿態，撲通的跳到鯊魚的背上。在出發以前，鯊魚指示他幾個動作，牠說：想潛入水底就摸它牠的腹部，要浮上時摸牠雙目中間，要左右轉摸牠的左右鰓，要跳躍就拍拍鼻孔，記住了嗎？「我知道了。」小男孩興奮得抬高噪音的回道。

鯊魚輕輕的劃破層層的小波浪，尾巴左右的搖動掀起了漩渦。游了一段光景，鯊魚便問小男孩：「準備好了沒？」「萬事齊全。」小男孩回道。鯊魚於是把游的速度加快，但僅侷限於附近的小海灣，牠來回衝刺幾回時，小男孩於是求他的Kowyowyod游向更外海，且潛入海底，欲目睹海底的另一世界的奇觀。可是，太陽已快接近海平線，認為時間已晚，也擔心小男孩的父母親在家找不到他，因而把Kowyowyod送回初識的洞穴，並請他早早回家。

「Kowyowyod，你明天早點來，我就可以帶你到其他的島嶼以及觀賞綺麗的海底奇觀，好嗎？」小男孩拍拍鯊魚的鰓說：「好！」並乞求他的Kowyowyod勿爽約。

小男孩回到村莊，族人都在餵豬，有的坐在涼台吃飯或聊天、嚼檳榔。家裡的炊煙裊裊的升空，很不規則的從各個石頭縫隙鑽出來，他想著，一定是母親正在煮又大又香的wovi（旱芋），想到wovi他便噴速的跑到家，一進屋，母親就說：「這個wovi給你做零嘴，待會你父親有更好的、更可口的東西給你吃。」「什麼東西？」他喘著氣問母親，「待會你就知道。」父親餵豬回來了，小男孩坐在近爐灶的小門問父親，「聽說，你有很好的東西要給我吃，究竟是什麼呢？阿爸。」「去幫媽媽把wovi端出來到涼台，」而父親就在同時把屬於女人魚的大紅石斑亦端出去。

「哇！Rokwa veza（好大的紅石斑）。」小男孩由於非常的餓，很快的就把大紅石斑吃了一半，而夫妻兩人在旁看著又驚又喜，便問道：「今天，你去哪兒玩耍？」小男孩由於吃撐而懶得回答，並蜷了身子縮在父親的懷裡，呼呼的睡著了。

翌日晨間，夫妻兩人依舊照常的上山工作，小男孩亦如約定的時間和大鯊魚會面。小男孩到達洞穴時，鯊魚早已在那兒等待，兩者以kowyowyod互道早安。立刻的，小男孩即騎上鯊魚的背，其駕馭的姿態如是海洋王子，尤其站立在大魚的背上，更顯得威風八面，這又好像，他是海洋中的王者之王。他命令鯊魚來回衝浪到孩兒群集嬉水的海邊，誇耀他的神威，彼時，岸邊的眾多小孩，莫不對他游泳本領予以最高的讚美，並且羨慕極了，而令他們最不可思議的是：「他是如何的站立在大洋中而不至沉下去。」不多時，大鯊魚便奮力躍

出海面，龐大的體積嚇倒所有目睹此奇景的族人，濺起的浪花就好像從天空落下一塊巨岩樣，在海中爆發。哦！Yaja Wonib sikowa ri（他怎麼可能不嚇破膽？）瞬間光景，鯊魚和小男孩衝入海底，久久不浮出水面，陸地上的族人，此時心跳蹦蹦的作響，盡其視力遠眺海平線，企盼能出現一粒黑點，最終是讓他們失望的落淚，眾孩童邊喊著小男孩的名字，悲傷透頂的走回村社且聚集在他的家裡，而年輕善跑的人直奔山上，喊其雙親立刻回去。

當大鯊魚潛入海底時，便把速度放慢，便利其觀賞海底奇景。海底竟然比陸地的風景怡人悅目，「哇……多麼的漂亮。」強烈的太陽光射穿海水，光線一條條的，細如小小雨絲，光的熱度亦如晚間夜光照射大地那般的柔和、舒適、溫暖，並且光柱不會隨著波浪彎彎曲曲。高矮層級不齊的礁石亦如陸地的山巒，可是礁石的奇狀，彩色是山岳無法與之媲美的，璀璨奪目的各種海樹色彩，五彩繽紛的海草，隨著海中潮流忽左忽右，又北又南的，乍看就像在舞蹈，比陸地顏色更多種的魚類排列洄游在大鯊魚與小男孩游經的海溝，種種難以比喻的、海底的所有事物，把小男孩吸引得忘了要浮出水面呼吸，他反而趴在大魚的背鰭睡著了。過了一陣子，他的Kowyowyod——鯊魚覺得很奇怪，蜷曲身體斜眼看著朋友，哇，睡著了，於是很快的浮出水面，在此時，早已目測不到（tawo）達悟②的島嶼。

Zokang順著牠熟悉的航道，朝達武島嶼的方向游去，漸漸的有了黑色影子，黑影又變成了綠色，而綠色亦有了深、淺的顏色區分。小男孩的背，在這個時間，任一粒水也不敢停留，而酷熱的陽光無情的灼燙小男孩的小小背肩。他輕拍鯊魚的額頭說：「朋友，讓我的身體泡在海水中，只露出頭臉，好嗎？」鯊魚聽其指示略下沉一些，為的可使小身體免於被陽光灼傷，Kowyowyod的速度好快好快，不多時就抵達了村落的附近海域，Zokang對準小男孩聚集遊玩的沙灘游去，大魚的後面是條好直好直的白色泡沫，而碧藍的海宛如被切割成兩半。騎在背上的小男孩，在這個時候又開始活潑起來了，

② Tawo（達悟），指「人」的意思，但當達悟人說此字時，乃指「我們達悟族人」。

Kowyowyod他說：「能否再次展示你躍出海面的本能？」鯊魚回道：「當然可以，只要能使你高興，做什麼動作都可以。」「只要衝出海面數回就可？」小男孩說。「抱緊我。」鯊魚說，咻！突然尾部離出海面很多很多，下來時，爆炸的浪花三層、四層，直衝雲霄，Kowyowyod只做三回，便讓小男孩樂透得猛喝海水，「夠了！夠了！」小男孩高喊的說。「真謝謝你。」「別客套，我唯一的朋友。」

另一方面，小男孩的父母親一聽到他們的獨子被大鯊魚帶走時，不管山路如何崎嶇，太陽如何的酷烈，直奔村落，一到達家，父親立即穿上膝盔、膝甲，並持著長柄刺刀，母親邊跑邊擦拭眼淚的祈求道：「Awalai, Si Woway（我唯一的寶貝呀！）如果海神，你還有良心的話，求你阻止那個大海怪獸帶走我的兒子，我的兒子……」

夫妻兩人一前一後，很悲痛的朝海灘走，父親做出驅除惡魔的儀式，母親則傷痛的跪在地上用膝走路，右手握個掘芋的，有刻紋的木鋤敲打路旁，她的眼淚和汗水沾滿了黝黑的臉，悲慟的一直乞求神靈道：「神呀！神呀！宇宙的主宰者，請你救救我的兒子，我的兒子。」而跟隨他們後頭的，大大小小不分男女的所有村民沒有一個不被感動得落淚。全村的人糾集在海灘，四處喊著小男孩的名字，斯時整片沙灘在嘶喊多時仍不見奇蹟出現的惡況下，所有的人便進入悲傷的氣氛，原來吵雜的，也在小男孩的雙親做出平靜的手勢時，即靜謐得如無人區域，然而，在這個時刻，沒有人敢離去。波浪一波接著一波，很自然的律動洗刷沙灘及淹沒眾人的足跡。陽光漸溫柔，人影也加長了許多，人群就像棲息的黑色海鳥，蹲坐的霸佔整片海洋。年輕力壯的達悟勇士站在船旁，套上木槳，繫牢繩索，持著長矛，準備出海尋找大鯊魚報仇，在商榷很多戰技之際，忽然間，一位小女孩很興奮的，難以訴諸筆墨的喜泣的喊道：「在那兒！在那兒！小男孩出現了。」這時候，是鯊魚和小男孩衝浪玩耍的時刻。全村的人睜著眼，只希望在大海怪的背上看到一個小黑點，一次，兩次，三次Zokang跳出海面，可是在翻白的水花叢裡，看不清小男孩的身子，企盼的一毫希望破滅了，眾人又恢復平靜哀痛的時刻，就在這時候，一道白色泡沫漂浮到前面，彷彿有個若隱若現的黑點，所有的人在海洋屏住氣，目瞪口呆的好像是大難臨頭的驚愕呆樣。但無論如何，他們仍渴望在失望的氛圍裡有個奇蹟出現，那怕是一根腳趾頭。

在piyavehang（約西洋曆的七月，吉祥月）的這一天，長輩們算算日子是上弦月的Mawogto，認為不是大凶之日子，然而靜坐在海洋，期待出現一絲希望的族人，雙目仍舊注視那一道白滔的海道。彼時，後邊的林投樹早已肅靜得不敢搖動，唯有那群餓昏的椰子蟹緊攀林投，吱吱喳喳的在猛咀，而沙灘上密密麻麻的蔓藤在陽光逐時傾斜的減弱光度時，即開始萎靡了。眾人屏氣的姿態、神情，脈脈無助的眼神，任人目睹此景亦忍不住掉顆淚水。

遠的目標漸漸清晰了，鯊魚遂放慢游速，並向樂透的Kowyowyod說：「看！沙灘聚集很多的人，究竟是發生了什麼事？」小男孩於是把頭往右傾斜。

「對呀！到底村落發生了什麼呢？是什麼事情，讓整村男女老少集合？」小男孩這樣反問他的Kowyowyod。

不多時，小男孩想到，可能是為了他吧。假設是如此。對，一定是為了我，畢竟族人最怕Zokang，又醜，又會吃人，哇，這下子完蛋了。小男孩這時突然掉眼淚，亦不知如何對面聚集在海邊的人，包括他的雙親。

想啊！想啊！鯊魚彷彿知道他的Kowyowyod有些難題，遂問道：「直接面對族人抑或帶你去躲藏。」久久時光，小男孩才回答，他說：「躲，可能對我不好，可是，我實在很怕面對長輩及我的父母，除此之外，我更害怕族人會傷害你，拿Cinalolot（長矛）刺傷你。」

Zokang很坦然的，一點亦不畏懼的說：「這不用你操心，我一半的靈魂是具有『人性化』的，而且會說話，有思想，可與你們族人溝通、交談。說不定，自此，我就是你們所有族人的Kowyowyod，不也是很好嗎？」「對呀！我怎麼沒想到這一點，唉！傻瓜，傻瓜，我。」

「那我們直達似游到眾人面前囉。」「那當然。」，Zokang說。「既然如此，那我就站立起來，表演神技，我的勇敢，讓所有人驚訝。」說畢，即立刻站起來，捉住鯊魚的Voko，且道：「衝吧！Kowyowyod呼……」翻白的浪花以及被切割成兩道的海，就如巨濤駭浪的波峰與波峰間的那道雄偉壯觀的鴻溝，筆直的飛奔到岸邊；這一幕煞是驚嚇，破膽陸地上的族人，尤其小男孩的父母親，恰如被仇人之利刃匕首掏出心臟的痛苦樣，這真是天大的慘酷待遇。可是，仍不見鯊魚背部小男孩的影子，除了他以外，或許鯊魚體積太大了，大得像個單人雙槳的達悟刳木船。

在眾族人皆替小男孩萬倍憂傷的同時，他卻很逍遙的，很興奮的趴在Zokang的鰭背。鯊魚緩緩的逼近岸邊，劃破的海面又像是抹上油的，光滑很多。兩個船身近，一個，半個，眾人面孔眼神注視著Zodang，身子卻背著牠，一墊腳，一跨步，好似將遁逃樣。鯊魚可憎的臉終於「嘶……」的趴在沙灘上，正面的對準小男孩傷悲的父母，眾人喊著：「Amiyan So Pozak」（有鬼哦！）原來平靜、鴉雀無聲的海洋，就將爆發。「死裡逃生」驚慌四竄的紛亂的局面，就在此同時，鯊魚吶喊，抖出所存的力氣又很慚愧的說：「Ji Kamo Awonib mangaZipos,」（諸位，我所有的親戚，求你們不要畏懼我。）「OH! Yatmi Zeyak si katwan ri」（哦！那怪物怎麼會說話？）眾人煞住跨躍的雙腳，平息驚悸的心臟，在那一瞬間，唯小男孩的父母動也不動的仍蹲坐在沙灘上，淚水滿面的瞪著大怪獸。

原來就將四竄的眾群族人，斯時復圍聚在一團，可是仍不見小男孩在鯊魚的鰭背。

Zokang蠕動著不平齊的上下唇，緩慢的裂張恐怖的嘴角，漸漸的，那些巨齒遂露出鋒銳，愈張愈大，真的很大，大的可吞掉七、八個人頭。

小男孩的雙親，在這時候就問起Zokang說：「Akokay Si Kowyowyod, ajiya tengi so ngaran a sovali, manngo paro si wovay dotod namen（真抱歉，不知如何稱呼你，不知我的寶貝在哪兒。）」鯊魚回道：「Akokay sira kowyowyodko, jiya tengi papozowan soris no ilawod, yaken na marahet a vali, omonon so nakem ni kowyowyod（親愛的朋友們，我是海洋中的動物，這都是我的過失，我順從了小男孩的意願。）」。

小男孩濕漉漉的身子，頭低低的，在張大的嘴裡，雙掌雙膝的爬出來，「快點！快點！你的族人們在為你悲哀。」「哦！O ya ko jiya（我在這兒！）」他站在鯊魚的嘴裡，羞愧又興奮，爾後跳出來，摸摸kowyowyod的鼻孔，便把嘴合閉。

浪平靜得猶如鍋裡的水，宣洩的小小浪花熱情的淹沒小男孩之足踝，不一會的時間，小男孩便飛奔的撲進父親的懷抱裡。「哇……哇！」了半晌，A Akokay……塞滿了耳根的疼惜語氣，煞是樂壞了趴在沙灘的大鯊魚。眾人擁擠的，輪流更替的撫摸小男孩的髮根、肌膚，喜悅的氣氛再次的重新宣洩在此靜謐的村莊，每個人都要搶著和小男孩話兩語，在他來不及感謝之際，便喊道：「Kowyowyod!」（親密的朋友！）「oyako」（我在這兒！）鯊魚說。

Zokang與有榮焉的靜靜的趴著不動，眾人此時轉移喜悅的目標，步履整齊的移動宛如一群黑色翅膀的飛魚尾隨首領，去跟鯊魚說聲「感激」。明天、下個月、明年，天天一起玩耍、衝浪、潛水，直到我們的肉軀腐爛為止。

鯊魚的尾巴、後身、中段、鰓很慢的、徐徐的浸泡在海中，夕陽的餘暉，金黃色的來自太陽光的根部，筆直照射在Zokang回航的途中，堅實的脊鰭愈來愈小。沙灘的人群彼時已沒有影子，Zokang不回頭，不回心思念kowyowyod，真的不回頭望望，唯獨小男孩天天的、每個月、每年，都在他們初識的洞穴期待鯊魚，十年、卅年了，當他做祖父時，一如往常在「期待」，可是終究不見鯊魚的歸來。

Si kowyowyod Ko! Si kowyowyod Ko!……的淒涼的聲音，不曾在洞穴中斷，唯音量自宏亮一直到變成哀嘆的絲絲聲。

故事說到這兒結束，這是家父有回在飛魚季空閒的夜晚，村中族人聚集在一位長老的院子裡，互相講故事時，我所聽到的，自此家父亦就不斷的把這故事敘述給我，直到我熟習、回鄉之後。

# 金釀黃冠的故事

當我們的祖先遷徙到Jimasik部落的時候，有一則故事是關於小女孩金釀黃冠的事，被族人廣為流傳。

關於這個故事，我不提起這對夫妻的名字，因祖先也沒有記住流傳故事主角之名。

據傳說，這對夫妻育有兩個女兒，長女已經很懂事且可獨自有能力剷除芋田裡的雜草。次女，當時也不小了，可以往水源庫取水回家的年歲。

然而，每當這家人吃飯的時候，總是虧待長女，她的地瓜盡是不好吃的，魚嘛也都是尾巴沒肉剩皮的。陶碗也是破邊裂縫。其次，好吃的、完美的，夫妻兩人全給其妹妹吃，因此，長女實在很令人憐憫。

有一天，這對夫妻即將上山工作前對他們的長女說：「你照顧你的妹妹，唯恐被其他小孩欺負。」長女回道：「好的，我會照顧妹妹。」

於是乎，長女就開始剷除家裡的雜草，開始工作，這個工作完成後，接著又開始洗滌陶碗、木盤，清掃安放飲食器具的長塊板。在完成工作後，眼看家裡煥然一新，十分清潔。

工作做完後，姊妹兩人便到涼亭休息，邊吃檳榔邊談天。

過了一會兒，姊姊說：「妹妹，你就待在家裡，我上山採姑婆芋，好嗎？」

妹妹回道：「唉呀，我在家裡會怕呢，別人會打我呀！」姊姊眼看妹妹孤伶無助，疼愛的說：「好啦！你跟我上山。」於是兩人便一道上山採姑婆芋。

當他們走到Jimahango時，即坐下來休息。這個時候姊姊開始回憶昨夜天神託給她的夢。

天神是這樣說的：「當你抵達Jimahango時，你要掀開balangbang的草，而後走下去，並且直達到有morong（船飾）的家族裡面休息、睡覺。」

姊姊如此反覆思考這段夢中天神的話。可是，妹妹的存在是她最大的負擔。她心裡想著「要如何擺脫掉妹妹呢！」想東想西，找不出適當的理由來騙妹妹。「妹妹，那兒有很多人在打架。」姊姊這樣騙妹妹，分散她的注意力。

於是，姊姊立刻掀開草叢而後溜進地底下的世界。

在靠近村落的山崗上，鳥瞰村景，也看到了有morong的家裡。於是她加強步履衝進這個家，進屋後就在Tomok（主屋的木神，為整個房子的靈魂）豎立的木板旁休息、睡覺。

傍晚時分，這家的主人回來了。在晚餐的同時，忽然聽到在Tomok的地方，有手抓kazapaz（藤製成的，盛小米的平盤）的異聲，「去探個究竟，孩子。」孩子抓開kazapaz一看，原來有個亭亭標致的小女孩，羞澀地的抿嘴巴。

「哦，你是誰呀！你從哪兒來的！你怎麼會在這兒！」

小女孩支吾的說：「很幸運來到你們的家裡，我是……事情的過程是這樣的，所以才冒昧的來到你們的家。」

「你的故事很令人疼惜、憐憫。在這兒沒什麼好吃的，反正，你就跟隨你阿姨上山、下芋田就可以了。」

小女孩回道：「好的，我就跟阿姨工作。」

過了一段光景，小女孩已經熟練她的工作了。於是這家的主人便把這小女孩許配給他的長子。

一年復一年，時光荏苒。這對年輕夫婦後來生了一男一女的孩子，在孩子們走路年歲的階段，女人便對她的男人說：「孩子們都長大了，事隔多年，我現在好想念妹妹以及父母親，我們去拜訪地底上的親人好嗎？」「當然可以。」男人回答。

他們的vawon（饋贈食物）計有一半肉塊的羊以及大塊的地瓜、香芋頭。還有一男一女的孩子。

後來，當他們抵達地底上的親家的時候，女孩的父母親驚愕的問道：「你們是誰呀！」畢竟有好多年之隔，他們早已不認識被他們欺負的長女了。

女兒回道：「我是你們的孩子，你們的長女啊！」家人以很訝異的語氣說：「妳還

健在呀！我們以為妳……。」說到這兒全家人便擁抱在一塊，不斷的在飲泣，相互感念。

當時在親家待了兩天兩夜，第三天的清晨，女兒跟父母親說：「親愛的爸爸、媽媽，為免你們的kehakay（好朋友）擔憂，今早我們要起程回家，謝謝你們。」

在交談時，她的先生和孩子先走了一步。她的母親回道：「我想跟你們去，實在太想念妳了。」就這樣和女兒邊走邊聊。到了Jimahango時，女兒很傷心的說：

「我尊敬的母親，妳實在不能跟我去。」而後就掀開草叢並溜進去了。她的母親真是一把鼻涕一把眼淚的走回家。

當時，這個女兒在溜進地底的洞口時，由於禮帽大於身子，所以在匆忙之際即留在洞口外，並且帽頂鑲有很大塊的黃金。

過了很長的時間，有一回Sizivo去田裡挖芋頭時，被他挖到了

這頂鑲有黃金的帽子，財產便屬於他的。

這則故事的宗旨，在於奉勸天下所有的父母親，孩子總是自己的孩子，千萬不要厚此薄彼，免得老了徒增傷悲。並且，嫁出去的女兒是男方的避風港，是靠得住的親家。祖先都如此一代一代的傳說這故事的寓意。

# 會摔角的石頭

在很久以前，Imorod村（現今的紅頭村）相傳有一對石頭跟人一樣會摔角，據說是Si Zivo這個人親眼目睹而後被廣為流傳的故事。

Si Zivo想著家裡的乾柴存積業已不夠，打算去Jiikodan山區扛回一些乾柴備用。在往山區途中的草叢裡，忽然看到茅草有些動靜，野蘆葦也是如此。「究竟是何物在搖動？」他這樣想。

於是好奇的去看，嘿！原來有一對堅硬光澤的石頭在摔角，怎麼會有這玩意，Si Zivo這樣想。同時，他便很專心的觀賞。

正在玩耍摔角的石頭，此時感覺四周似乎有些很沉重的東西存在。

這時正在摔角的石頭立即停止而後仰望四周，忽然看到Si Zivo，此時便靜止下來了。

爾後Si Zivo便走到他們那兒觀看他們。而後說：「請你們不要停止，你們繼續玩讓我觀賞看看，若是你們會意我的話，我將視你們為寶貝。」

石頭聽到後，便繼續的摔下去，最後Si Zivo很高興的帶回他的寶物。可是他並沒有帶進主屋而是帶到Makarang①。

由於好奇專注的看著這對石頭摔角，因此忘記了扛乾柴回家。

回到家之後，即喊叫他的女人說：「快來這兒，有個很好看的玩意在這兒。」他的女人回道：「這是甚麼東西呀！」「這是堅硬光澤的石頭呀！」Si Zivo回道。

這時候Si Zivo向石頭祈求說：「我的女人已經回來了，你們快快摔角吧。」石頭聽到後，即興致勃勃的摔了起來，有時一個被壓，兩個各有勝負，並不停的在玩耍。

① makarang直譯為比主屋高的客房，並非漢人所譯的工作房。

「這玩意是從哪兒來的，怎麼會如此的吸引我們的眼睛？」Si Zivo的女人如此好奇的問道。翌日清晨，把石頭安放在Kazapaz，並請他們的孩子來觀賞，以此取悅他們。

時間過得很快，一日復一日，一年又一年的過去了，在這期間，倘使Si Zivo上山工作的話，他都很細心的安頓這對寶貝。

後來，有一次Si Zivo菲律賓的朋友來拜訪他，他如往常一樣喜歡把那對會摔角的石頭拿出來，讓朋友們觀賞。他菲律賓巴坦島的朋友問：「你肯把這對石頭出售給我們嗎？」Si Zivo回說：「我捨不得賣給你們。」不久，巴坦的朋友於是啟錨回航。

後來，巴坦的朋友又來拜託Si Zivo並說：「我用這塊大黃金買你的寶貝石頭好嗎？」

Si Zivo心裡想著，這實在不得了，於是乎說：「好吧，你們拿去吧！」為此，他巴坦島的朋友便很高興的帶著石頭回巴坦島了。

因此，那對會摔角的堅硬石頭，自那時就在菲律賓巴坦島了。

這是從祖父們那兒聽到的故事。

這對石頭被巴坦人拿走之後，Si Zivo於是作了兩首歌詞，一首是Anowod②一首是Rarawod③專為這對會摔角的石頭作的。歌詞是這樣的：

Anowod：

我曾經去Jilikodan的山區
使我遇見了會旋轉翻滾的石頭
於是拿回家作為觀賞用
他們的旋轉摔角確實讓人快樂
亦因此帶給我大塊黃金的財產
我用豬、羊的牲血放在金盆祭拜他們

② Anowod：簡言之是用詞較普通的歌。
③ Rarawod：詞彙較艱深的歌。

Rarawod：

這是一對會摔角的石頭之傳奇
出售他們時是完美無疵的
完美無疵得無懈可擊
以同等價值大的黃金來交易
因你，我有了鑄造完成的黃金財富

這是Si Zivo因在偶然機會巧見這對會摔角的硬石，帶給他無限財富所創的歌。而後即流傳到現今的達悟族人。

# 火的故事

一個太陽死掉之後，達悟族的祖先就沒有辦法吃熟的食物，開始了茹毛飲血的時代。在Jipaptok有兩個兄弟，由於父母親吃到不潔的食物生病了，兄弟兩人就是抓漂亮的魚，採碩大的地瓜，仍然無法使雙親的病好轉。兄弟倆絞盡腦汁亦想不出辦法來。

父母親的呼吸愈來愈弱了，便拉著坐在一旁的孩子的手輕輕的說：「孩子，我要喝開水。」喝開水，一個太陽已變成了月亮，哪兒來的開水呢！弟弟很焦急的對哥哥說：「與其待在家裡倒不如出去找找。」「往左邊或是往右方走。」哥哥說，往右邊走比較好，地勢較平坦，弟弟如此建議。

第二天在天未全亮之前，兄弟倆就開始出發，兩人沿著海邊的礁石行走，徒步到

Jikavat-towan時，太陽已走到了頭頂，然在炙熱的午時仍不敢稍有懈怠，繼續的走著，也顧慮不到礁石的尖銳如何刺痛雙足。當他們走到Jipisopowan（現在的山洞）時，太陽已落到離海平面只有一步的距離了，愈走太陽就愈接近海平面，在太陽距海面只有一個拳頭時，哥哥對弟弟說：「找個Azchip（天然岩洞）休息吧，明天早點上路。」「好吧！這樣可避免在黑夜摸路。」弟弟如此回道。

夜漸漸的深了，疲憊的兩兄弟背靠岩壁才閉目休息，在雙眼尚未完全合閉前，感覺到附近彷彿有微光出現。弟弟半蹲行走，找個岩縫窺視究竟，「哇！Apoy（火），哥哥，快來看。」「他們究竟是什麼人？」弟弟如此問哥哥。哥哥回答說：「Ala Vonko Sira YA（也許是魔鬼吧！）我們過去靠近他們，」「不行，他們會吃掉我們的。」弟弟說。哥哥躊躇半晌說：「也許會把我們吃掉。如果我們的態度和善的話，也許不會，況且我們的目的就是拿『火種』呀，寧可冒險，也不要讓父母的病惡化。」「好吧！」弟弟說。

兄弟兩人，於是走到最靠近他們的魔鬼。「Ana（喂！）」魔鬼轉身說：「Ho!

AsyoKamo Ya Tawa（哦！驚訝語氣）怎麼會是陽間的人類呀！」接著說：「Wanjin nyo ni Kapwan Ya（你們是從哪兒來的呀？）」「我們來自很遙遠的地方。」兄弟回答。

「那你們來幹什麼呢？」魔鬼說。

兄弟說：「我們來找火種的。」

魔鬼說：「如果是這樣的話，我帶你們去見我們的長老，在我們住的地方有很大的火。」

兄弟猶豫說：「我們會不會有危險？」

魔鬼回道：「海邊的食物太豐富了，吃都吃不完，怎麼會吃你們人類呢！」

於是兄弟兩人就跟隨魔鬼回到鬼之住處，鬼住的地方原來是這些大山洞。弟弟這樣想。

領頭的鬼一面走一面喊說：「Yamiyan so Tawo Tawo……（有陽間的人類朋友來訪）」此刻，四面八方的鬼即火速來到山洞，目睹人類的模樣。有的鬼就說：「跟我們沒啥兩樣嘛！」

CHU CHIA HUI
2010

兄弟兩人來到了山洞，鬼的長老們歡欣的接見他們。其中一位老魔鬼捧著一個好大的煮熟的Kazab（月光貝）請他們吃。

哥哥說：「老鬼，謝謝你的善意，家父沒教我們吃這些東西。」

老鬼回道：「那你們來此地，有何貴事。」哥哥把家父的情況一五一十的告訴所有的鬼。

老鬼說：「你們真是孝順的孩子，如果你們不吃東西的話，你們就拿這個空月光貝殼，裡面裝些木炭，到家之後，撿些易燃的乾草加在上面，以及粗大的乾柴，使其不致

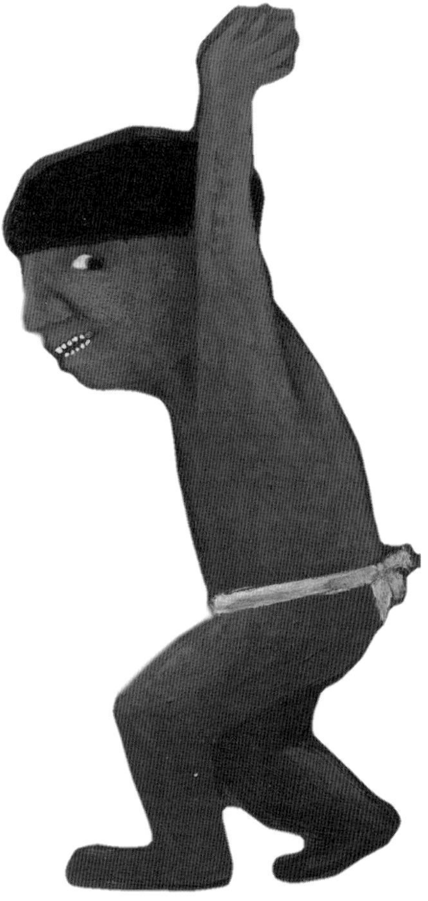

熄滅。而且以後，你們就可以用火煮生的東西，如此將使你們身強力壯。」
說完，兄弟兩人就急速的捧著火種快跑回家，回到家後，父母的呼吸已經很薄弱了。弟弟加了很多很多的乾柴，希望使水早點沸騰。
水開之後，採一片葉盛上開水，張開雙親的嘴巴，慢慢滴上水珠，然後一口一口的喝下去，父親的氣色亦逐漸好轉，最後戰勝了病魔。
過了一會，父母問兩兄弟說：「火是從哪兒弄來的。」哥哥說：「是魔鬼給的。」父母點頭說：「原來如此。」
為此，每當達悟族舉行任何慶典時，魔鬼都有一位牲禮，表示回饋。在每年的Kasyaman（冬季的十一月或十二月）我們有一個節日叫Mipazos就是專為魔鬼神祇舉行的，全村每戶必派一名到海邊獻上禮肉和芋頭，表示和人類在達悟族島能「和平相處」。
故事在此結束，這是從我父親那裡聽來的故事。

# Civet與瘦哥

Civet是蔻蟹名，其中文學名我不知道。不過，在達悟神話故事中，不知其學名是應該的，而我並不能知曉其名，知其母語的意義即可。

相傳，在很久以前，依據奴眉勒克社（現之東清村）有家夫妻兩人育有兩男，其中哥哥較沉默寡言也寡歡，但是比較勤奮，自動自發。而弟弟，性格開朗活潑，交友廣泛，活動力強，並且是人見人愛的小鬼靈精。據說，在海邊遊玩的小孩，只要他在內，便是歡天喜地，永無冷場的氣氛，於是在飛魚季節中，釣鬼頭刀魚的老、中、青族人，在回航上岸後，皆自動的為他留一、兩個芋、地瓜等等。

有一天，夫妻兩人仍如往常的留給兄弟六、七個地瓜，給他們在中午肚子餓時吃

CHU CHIA HUI
2011

mavaw（似是便當之意）。斯時，是飛魚季節剛結束不久。哥哥，裹著他的mavaw獨自一人在村落左邊的礁石旁戲水，並在附近海礁尋找可食的海貝，他一面哼著童歌，一面找吃的，約莫是正午時候，他找到小小的天然洞穴，裡面的空間恰可容納其身子，並可躺直身體。他沉默的思考很多很多的事情，譬如，如何取悅雙親，如何勤勉的工作來孝敬長輩等等。然使他興奮雀躍的是，這個天然的洞穴，尤其在酷熱的夏天能躲在裡頭納涼，睡個午覺，沒有比這個更完美的事兒。

幻想、幻想著許多美麗的夢，他自個兒便很高興的躺下，仰視一滴滴的水珠，很有規律的顆粒掉落在他的小胸肌上，煞是樂極他了。覺得今天的心情特別的好，彷彿有喜事臨頭似的，仍然在幻想著如何孝敬父母親，忽然間，很輕盈的東西，似是在咀嚼著他的腿部，感覺舒服得令他不敢稍動移身窺個究竟，很久很久的時間，他好奇的突然轉動身子，竟然發現有個可愛的Civet在腿下的礁洞張大的咬他的皮膚。

「好可愛的Civet」他說。「我們做朋友，好嗎？這兒有地瓜給你吃。」說畢，便分些地瓜塊粒給Civet吃。吃了很長的時間，方把小小的地瓜吃完。他興奮得合不攏嘴角，並試摸Civet的螯，讓牠咬住肌膚，除了表示更親愛Civet外，不外乎就是視牠為心肝寶貝。當然Civet真的咬住他的皮膚。

小哥哥把頭伸出洞口，看看太陽的位置，斯時，出海釣魚的船隻陸陸續續的回航，認為是該回家做家事的時刻了，於是親親Civet說：「我明天再來，跟你分享我的地瓜。」他便很溫柔的把Civet放回牠的洞穴。

翌日，同樣的時間，在海邊聚集很多的孩童以及在修補船洞的達悟勇士，海真的擁抱孩子的靈魂，所有的人沒有一個恐懼海洋。小哥哥亦是如此的愛海，他把地瓜用姑婆芋細心的包著，在林投樹叢躲著眾人的視線，怕有人知道他的小秘密，在無人注意的時間，即健步如飛的跑進他的AJ-cip（洞穴）。他喘氣的說：「Kowyowyod Ana! Pakowbotrana ta oyakona.」（喂！朋友，快出來吧，我已經來了。）並很高興的翻開葉子。

久久不見小洞口的海水有水波紋的動靜，Ana! Ana（喂！喂！）Ana了很久，仍不見Civet出來，當然，小哥哥很聚精會神的注視小洞口的任何水波，很久很久的想找法子設計Civet出來，說了很動聽的話，終是無法逼使Civet爬出洞口，徒勞無功的很令小哥哥傷心，愁眉苦臉，地瓜擺在Civet出來的洞口。而小哥哥在旁特別認真的想些法子，想啊、想啊。嘿！這一句不錯，他重複的唸，唸到很熟悉。最後，對著Civet的洞口說：「Todo Todo Vehan, Ta panmed Ko imo so mamahen, machya machya mazapany.」①說畢，Civet立刻出來，小哥哥高興得直把Civet放在雙掌上玩，原來垂喪的精神即刻抖擻起來，並不停的把Civet的蟹腳咬住自己的舌尖。嘩！原來就是這句術語，我記得了！我記得了！他樂透的樣子令他的寶貝Civet也發出嘰……嘰……的聽不懂的語言。

你一口、我一口的聲音，就在這小礁石洞佔據了整個下午的時間。我明天再來，後天、大後天，我天天來看你，送地瓜給你，好嗎？一個月、兩個月、三個月過了，一年、一年半載過了，小哥哥亦逐漸長大。

---

① 這段話是達悟古語，直接翻譯的意思是：指啊！指啊！月亮，因我要為你削檳榔吃，串串的，串串的藍色珠子。寓意為小小的水泡出來吧！我已為你準備好地瓜。你吃，我吃，我倆相偎依。

有天，他的父母親，突然發現小哥哥愈長愈瘦，只見長高，不見長厚突的肌肉。先生於是跟妻子說：「長子怎麼長得不結實？看他的同歲朋友，身子盡是結實碩壯如石，唯獨他，」身為父母親似乎慚愧的沒把孩子養壯且亦博得「瘦哥」的雅號。在下午，夫妻兩人就請弟弟坐在身邊談天，聊了許久，便向次子說：「明天早餐後，你去盯住你哥哥，看他mavaw有沒有吃，若有異樣時你就跑來告訴我們。」「好的。」次子回道。

第二天早餐用完之後，小弟弟便如往常的好似無所事事，但他確實的無時不在注意哥哥的行動，近正午時段，弟弟看到哥哥用姑婆芋包著他的mavaw往村落左邊的林投樹叢走去，弟弟躲躲藏藏的尾隨在哥哥後面，保持一定的距離，並放低身子以免哥哥起疑心。就在七、八步距離，林投樹前方有塊隆起的礁石，瘦哥便躲進裡頭，而弟弟在旁專心的注意聽瘦哥的話。當他聽到：「Todo Todo o Vehan, Ta panmed ko imo so mamahen, macya macya mazapany!」時，便斜視裡頭是何物，一看，赫然發現一個很大的，大得像一個林投樹的果實。「哇！好大的Civet。」一面想著一面快跑，但他哥哥絲毫未察覺到弟弟的跟蹤，就如往日的餵食他的寶貝。

到了晚上，弟弟跟他父母親睡在屋裡，而瘦哥此時已經和他的朋友到別處去睡了。弟弟報告今天所見所聞給父母親，母親訝異的說：「原來如此，你哥哥才不會長肉，」並對先生說：「明天我們就待在村裡，整理房子周圍的雜草，並粟米以慶祝咱們這幾個月的辛勞，而瘦哥，就令他上山去砍柴，好嗎？」「好吧！休息一天亦無妨。」先生如此回答。

在睡覺之前，父親還特別吩咐小兒子說：「明天吃完早餐後，等你哥哥上山，你就立刻去海邊捉那個大蔻蟹，明天，我們要好好的吃一頓。」「好的，爸爸。」

翌日，在早餐時，夫妻兩人便請瘦哥上山砍柴，而他的mavaw則留在家裡，俟其打柴回來才吃，當然也會和他civet同享。過了一陣，瘦哥在林叢消失，弟弟便循著哥哥通往海礁的路走，當他抵達目的地時，環視一下洞裡，手中並拿些麻繩以備擒civet用的。稍稍休息一會，穩住不安的心情。此時，他想著，都是你這civet，害得我哥哥瘦乾乾、不長肌肉，今天就是你壽終的日子。

弟弟很細心的學習哥哥請civet出來的語調，重複又重複的默唸，最後吸一口氣，並趴在蟹的洞口，很柔很柔和的說：「Todo Todo ovehan, Ta ibanmed ko imo somamahen, macya macya mazabnai.」說畢，civet真的爬出來了，就在這一刻，civet立即被麻繩擒住大蟹腳，無法動彈，食道兩邊的殼夾互動的不斷吐出小泡沫，似是很悲慟樣，然亦無可奈何。而小弟弟很高興的獵到civet，並且不是普通的大，這下子，真會樂極了父母，他如此幻想。便走著，便唱著最美的童歌：

Yaken a Kanakan
Amliven do Aharangan namen
Nyapwan Ko Ataw do maraw
Am sinavat ko abopa
Maka atai do pisagatan ko

像我這樣的小孩

不曾停止的環繞游泳
屬於我的海域
海洋是我日間的父母
而我的獵物
是我同歲夥伴群中
無人能及的。

他重複的歌唱到家裡，而休息在家的雙親，此時，已煮好開水，正等著他回來下鍋。小孩一到家，三人不待繩子鬆開即立刻放進沸騰的鍋，civet想掙扎為時已晚。瘦哥，這個時仍舊在山裡打柴，而不知其寶貝civet業已被煮，結束生命了。

不一會的時間，civet已被煮熟了。三人合力的加快吃的速度，並把兩個大大的螯腳留在最後吃。好可口喔！好可口喔！肉真鮮美吔！他們一直讚嘆不已，並躲在屋裡猛吃，剩下大腳時，父親便令小弟弟到外邊拿石頭來打碎它，不多時就吃完。當他們吃個精光後，便細心的撿拾civet的小碎片殼，以免被瘦哥發現，哪怕是床底材縫間隙亦收拾得不留一小片殼。

三人合力清除完後，便坐在涼台納涼。不多時，瘦哥扛一捆把的回來了。父親說道：「你的mavaw在木盤裡，還有些魚乾，快去吃吧！」瘦哥也如往常一語不發包好他的mavaw，然後愉快的走向海邊。這時候，瘦哥的雙親正在涼台休息、吃檳榔。當他來到天然礁石洞時，便立即的趴著唸道：「Todo Todo o vehan, Ta pangmed ko imed so mamahen, macya macyamazapnai.」唸了好幾十回，終究不見civet爬出

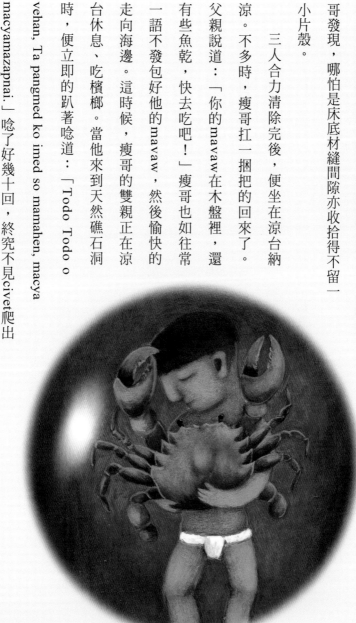

來。他把脈椎胸又唸道：「kawyow-yod, Wangjin mo yanan（我親愛的朋友，你究竟在哪兒呀！）」唸著、唸著眼淚便奪眶而出，其悲慟樣，猶如失怙無法挽回生命之那一剎那。淚滴遂伴著他回到茅屋。一進到sesdepan②立刻趴著猛哭，並哭著不停。斯時，母親走下來安慰道：「孩子，什麼事令你哭得如此傷心？」安慰了數句，瘦哥始終是守口如瓶，母親最後很焦慮的走開了。

過了一些時間，瘦哥似有預感的認為他的父母親吃掉了civet，於是爬進主臥室與主賓室，聞聞四角是否有civet的味道，然而，最後還是落空。眼看找不到任何證據，便十分愁苦的坐在sesdepan的最尾端，並在心中過濾村社所有可疑的人家。就在此時，也許是civet的靈魂真的和他有濃厚的情感吧，在堆砌壘成的屋之石的角落，瘦哥嚇得發現很小的civet之殼碎片，他心痛的一直把碎片緊緊的握在手掌心，並且很憤怒，真的非常非常的氣憤，遂怒氣沖天的衝到正在涼台休息的母親，怒道：「天下最貪吃的父母親。」

---

② 達悟舊式茅屋的第一層階，通譯為客廳。

其憤怒的臉孔煞是令其雙親顫慄得無言以對，險些吞下檳榔雜絲。瘦哥接著又說：「civet原來是準備孝敬你們的。」說畢，即流淚的走向海邊，頭低垂得一直哭泣。在這同時，夫妻兩人慚愧得躲進屋內，因孩子的話語被左鄰右舍聽到，禁不起鄉人眼神的盯梢。

當瘦哥走到海邊，即找一個很大的石頭站立，眼眶通紅的直咒道：「Lenep Lenep ovato, Tamakar-ilaw kowa pina soz, iban da,」（長大吧！長大吧！石神因我心地善良的被人陷害。）一直唸著此咒語，不停的唸，石頭亦即不停的生長，逐時的吸食瘦哥。在石頭吞食瘦哥到膝部時，一位小孩直奔村落喊著他的父母親說：「喂！你們的孩子就要被石頭吃掉囉！快點去救他，去救他吧！」夫妻兩人一聽到便衝出屋子，其驚慌醜態猶如家被烈火燃燒似的無所適從，亦如在睡夢中被惡魔恐嚇得臉孔發白。先生好像山羊輕盈般的飛躍，十步當作一步的跑，三兩步的跳奔姿態，遠遠看來又好像被兇猛無比的大野豬追咬似的，就是挖盡達悟語的形容詞來形容夫妻兩人的驚愕樣，也無法找到確切的詞彙。所以，不到四、五步即到了海邊。

「孩子啊！求你原諒我們，求求你，孩子。別做傻事……求你啊！」這個時候，石頭吞食瘦哥已到了脖子，眼眶開始流出鮮紅的血，臉也變成紅色了，逐漸的根根的髮絲在海水浸泡中亦染成了紅色。傳說，整個身軀皆成了鮮紅色。石頭愈長愈大，瘦哥也在一波波的浪濤裡淹沒消失掉了。

Awalai! Awalai! Si wovaynamen.

（悲哀啊！悲哀啊！我們可憐的孩子。）彼時，聚集在海邊遊玩的孩童，眼看可憐的瘦哥被石頭吞噬，便被感動得流下淚水。相反的對泣不成聲的瘦哥

的雙親，不約而同的高聲咒道：「最貪吃的人，活該……」夫妻兩人，在此時由於受不住咒語的傷害以及村人的風言風語，即離開村落到深山居住，但沒多久也因慚愧至極而相繼死亡。至於瘦哥的弟弟亦隨即移居他處，並成了瘋子。

兩、三年的歲月過去了，每當piyavehan（約是七月初，六月下旬）月的時候，在海邊嬉水的孩童經常看到一尾紅色的魚和civet廝守在一起。族人後來為紀念瘦哥，命名其淹沒的石頭為Do Scikedan。意思是令人思念的地方。

# 夏曼・巴翁與大魔鬼

在很古老很古老的年代，有位達悟①名叫Syaman Pawouns（夏曼・巴翁）的人，據說是住在依拉代社，所以他是現今漁人部落的祖先。

夏曼・巴翁家有一妻兩男一女，是相當幸福的家庭，並且巴翁有個其他族人無法媲美的雅號——最佳獵狐人。他喜歡在冬季的夜裡上山獵狐，在他的專屬森林裡有棵好大好大的TaPa樹，此樹之中心皆已被狐狸扒成空心為窩。在達悟人的觀念裡，深山的TaPa樹是魔鬼的樹，少年在此樹下納涼睡著的話，夜晚必是魔鬼附身的睡不著覺，因而，父

① Tawo（達悟）在此泛指「人類」。

母經常叮嚀上山打柴的小孩不要在TaPa樹的附近砍柴，其典故是由此故事來的。

有一年，達悟島上各農作物、水果等等都收穫不佳，在寒冷的冬季，每家人都是在Michimil②，唯獨夏曼・巴翁一家人天天有狐狸肉可吃，村民莫不羨慕他非常，反正，他一上山，隔天在他的涼台便懸掛著兩到四隻狐狸的頭額，以此誇耀他是捉狐的能手，三、四天下來亦盡是狐狸的肉腥味，他並以其油脂抹到髮膚，使皮膚亮油油的，此又是在誇示其富有。

當然，捉來的狐狸，並不是只有夏曼・巴翁家人獨享，倘使捉了七、八隻的話，他必宴請其兄弟、近親來家裡吃狐肉。有天，巴翁的哥哥說：「實在很不好意思每回都被你請來吃狐肉，有句話在我心中藏了很長久的時間了，想講又不敢講。」巴翁插嘴道：「兄弟，幹嘛如此客套，我肚子飽飽的話，我也於心不忍的讓你飢餓，別客氣，請講，哥哥。」哥哥低著頭沉思了很久，最後吐出好長好長的氣說：「弟弟，我實在不爭氣，

② michimil意指沒有其他菜餚，配地瓜、芋頭，比喻「貧窮」。

為何只有你會捉到狐狸，我也每回到冬季之深夜上山捉狐狸，可是總是落著空空的手頹喪的回家，弟弟，可否告訴我你捉狐狸的山名，狐窩呢？」夏曼・巴翁即刻回道：「哥哥，你千萬不能去，在那兒實在非常的恐怖，非得有超重量的膽量方能在那山頭捉到狐狸。」「你在開我玩笑罷，我又不是小孩子，也許你怕我知道你捉狐的地方吧！」哥哥似有些生氣的說。

夏曼・巴翁道：「自己的親兄弟，我怎麼會怕你知道我捉狐的地方呢？只是，那兒實在太恐怖，不是普通人能去的地方。」

「無論多恐怖，你非得告訴我地方，今夜我就起程，兄弟之間哪有『嫉妒』這個字眼，假使有，那還算是兄弟嗎？」哥哥如斯回答。

巴翁斜眼忖度在旁嚼檳榔的哥哥，並且說：「假使你非去不可的話，那我先把話說在前頭，『一切後果由你自己承擔，別責怪弟弟沒警告你。』」

「好，我是不可能責怪你的，只要有狐狸即可。」哥哥裂嘴露齒的回道。

此時夏曼・巴翁神情嚴肅的說：「哥哥，地名是Do Jawang，那兒有棵很粗大的TaPa

CHU CHIA HUI
2011

樹，其左邊有間小茅屋，你最好在太陽未下山前抵達，並準備乾柴，天色一暗你就生火種，這除了取暖外，主要還是照亮前面TaPa樹附近的捉狐小徑，且光亮使你有膽識。」

「我知道！我知道！」哥哥興奮的說。

「哥哥，別高興得太早，精彩戲在後頭。」夏曼・巴翁道。「快說呀！快說！還有那哪些事需要注意的。」

夏曼・巴翁又道：「哥哥，天一黑你會看到有很多很多的男、女魔鬼在TaPa樹的附近大叫小喊的餵豬，亦有很多小小鬼在那樹的根莖縫間追蹤的遊戲，這些你不要管也不要怕，因待在那茅屋裡是很安全的，那是我的Kowyowyod（朋友）魔鬼巨（人）餵豬的地方，沒有小「鬼」敢在那玩耍。但我這大魔鬼朋友絕不在黃昏時段餵他的豬，常常在近午夜時間才起床餵豬，並且你會立刻辨識出。」

「我如何辨識他。」哥哥好像有些顫抖，緊張的反問弟弟。

接著巴翁說：「他起床走路餵豬時，一個塹步便會震動TaPa樹，茅屋，只要兩、三腳步便到達我的小茅屋，因那屋子是我與他共有的。」「當大魔鬼到了茅屋，由於有火焰，便知道是我來拜訪他，大魔鬼會很高興講我與他親密的招呼客套話。」

「什麼話！什麼話！究竟是什麼樣的溝通語言？」巴翁聽得出哥哥真有些怕。於是反問哥哥說：「那兒確實很恐怖，你就打消念頭吧！」

「達悟勇士豈有『害怕』之言，你是不是嫉妒我捉得比你多呢？」

巴翁斯時沉默好一陣時間，口氣很緩和的說：「兄弟之間豈可有『嫉妒』？假使你非去不可的話，明天別責怪弟弟沒把話說在前頭。我與大魔鬼的招呼語言是『Kami yan do dan mo kowyowyod, Oya Ko Kwan mo』（你來了嗎？我的朋友，是的，我在這兒。）」巴翁一說完，哥哥便立刻拔腿跑回家準備行囊。

天色未暗之前，巴翁的哥哥早已在Jawang那兒的小茅屋生火取暖了，並環視熟悉四周的環境，確實，TaPa樹之根莖蔓延攀著主幹，糾葛纏繞的藤蔓更是密密麻麻。

夜色逐漸灰暗，咻……風吹草叢的聲音亦漸清楚，巴翁的哥哥躲在茅屋裡感到有些陰氣，火焰繼續的燃燒，照亮小茅屋，他身子靠近火堆，並企圖不胡思亂想。深夜逐漸逼近，好多的狐狸亦在TaPa樹之根莖蔓藤玩起上樹下樹的追跑遊戲。偶爾，調皮的狐狸會出現在茅屋前門，看看屋裡的達悟。

不一會兒的光景，遠處響起了嘶……嘶……的腳步聲，不到兩三步來到了小茅屋，此時，巴翁的哥哥認為，也許這就是弟弟所言的「大魔鬼」吧！原來蹲坐在屋中烤火取暖的他，即刻把身體縮成小團的，並躲在屋子的最角落，肌膚也起了顆顆隆起的疙瘩，眼神的表情彷彿是無主的羊兒被餓狼追逐的不能流淚的驚愕樣，雙手緊緊的抱住膝蓋，做出無辜的樣子。然而，審判的時刻就在這個時候。

大魔鬼呼出好長好長的氣，He……m的坐下來，並且道：「Kamiyan dan mo kowyowyod?」（我的好朋友，你在那兒嗎？）達悟懼怕得不敢呼出一口氣。蘆葦此時好像是睡著的不作聲。大魔鬼又說了第二遍，可是屋內仍沒有回音。大魔鬼想著，我們好朋友夏曼・巴翁不可能不回答我的話，也許是別人哪，他這樣猜想。此刻，巴翁的哥哥正在想出逃脫的法子，火焰仍然強烈的照明小茅屋，據說他怕的糗樣就如嬰兒驚嚇的靈魂跑走，相當嚴重的令人重挫。

大魔鬼第三遍又說，當然這回比前兩次來得宏亮：「Kamiyan dan mo kowyowyod?」

（朋友，你究竟在不在裡面？）達悟還是不敢回答，大魔鬼覺得好像被欺騙，並氣得把手伸進屋內，想摸個究竟。達悟一看大魔鬼的手掌背盡是黑毛，而且粗得像Tapa樹。他想，這個時候不逃竄脫離，惟死路一條，於是巴翁的哥哥奮力的從茅屋後邊縫隙衝出來，並以最快的腳程速度直奔村落的方向。大魔鬼一看不是他的好朋友，遂起身追趕，巴翁的哥哥眼看大魔鬼緊隨他後面，便使他奮不顧身的把夜晚當作白天的奔跑。據傳說，巴翁的哥哥怕的程度用十步變一步還不足以形容之，記得祖父的說法是，他可飛躍兩三個水芋田的距離，換算成現在的公尺數的話，約是廿至卅公尺左右。然而，不管他跑得如何之快，並未拉長與大魔鬼的距離，畢竟大魔鬼身材龐大，大跨步亦有廿、卅公尺。所以，兩者不分勝負。在快到村落族人的公共山區的時候，這兒是下坡路段，夏曼・巴翁的哥哥回頭望一下後邊跟來的大黑影，不看還好，一看，大魔鬼的眼睛好比是他的頭，在深夜又是青、紫藍的色彩，此又使他破膽千倍，路雖崎嶇艱難行走，然而，保命最是要緊，且又是下坡段，勝敗就在這段路程。青、紫藍的眼珠，他一想這可怖難看的鬼眼，在此下

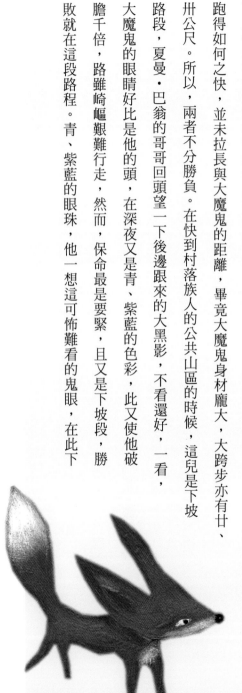

坡段僅用三跳躍便很快的抵達了山下。就在此時，他一路嘶喊：「Mo Nankowa, Iwargi pa zezevenganta」（太太，快快把門打開呀！）一路跨屋的跑，可是大魔鬼並未放鬆的追趕，他想著一定要把巴翁的哥哥從屋內揪出來吃掉。「太太，快開門呀！快開門呀！後面有個大魔鬼在追我。」

西南・巴翁③似是夢中被驚醒樣，輕輕的把木門推開，然後反身朝向爐灶重新生火，就在這個時候，夏曼・巴翁衝了進來，煞是嚇著正在生火的妻子，她還來不及問先生究竟是發生什麼事的時候，夏曼・巴翁已經抱著鹽巴又衝向屋外，並把鹽拋散於屋的四周，灑完，大魔鬼已站在他眼前，但就是不敢越雷池一步，巴翁一望眼前的巨大黑影，那青紫藍的眼珠直瞪著他動也不動。哇……的慘叫聲，便把鹽灑向大魔鬼的眼睛，爾後立即進屋子裡躲藏。斯時，大魔鬼的眼珠由於被鹽巴刺傷，直冒著煙，令他疼痛得

---

③ SiNan（西南）為陰性冠詞，凡已生兒育女的女性便稱西南・某某，男性是夏曼・某某，意為某某孩子的母親或父親。

嘰……嘰……嘰……的苦叫，Walai Si Yama Walai! Si Yama（如英語Oh! My God. Oh! My God.之意）那龐大的黑影隨著極為痛苦的慘叫聲，逐時的消失在深夜的時空裡。據說，他死在Jimautazaw山的一棵好大的TaPa樹，那兒於是聚居了很多碩大肥腸的狐狸。

當然，夏曼・巴翁亦沒佔到什麼便宜。在他衝進屋子裡的剎那，嚇壞在生火的妻子。她於微明微暗的薪柴火光中，隱約的可看清巴翁亦是體無完膚，遍體傷口。其驚嚇就差頭頂上的靈魂沒被嚇跑，否則，也只有死路一條。西南・巴翁問先生：「究竟發生什麼樣的大事情，怎麼把你弄成這慘樣？」「太太，我就只剩一口氣了，改天再跟你敘述，現在麻煩你去拿豬油，並抹在我全身上。」身體由於全是傷口，是故無論其左右的側身睡抑或仰趴都使他痛苦萬分，最後再次的麻煩其妻將那些乾鬆的茅草墊在木床上，如此，他才稍稍覺得舒適而睡覺了。

翌日清晨，弟弟走到哥哥的茅屋，聞聞裡頭是否有狐狸的烤燒味，適巧哥哥出來透氣，兄弟倆眼神一對上，哥哥便很慚愧的說：「弟弟，我是不該去的。那兒確實恐怖陰森萬分。」

這則故事傳遍全村之後，即刻成了族人比喻「貪婪的人終被鬼追」。其另外的寓意是「人要衡量自己的能力而後下決心的去做。」當然，此事件後，夏曼・巴翁即永遠不提或聽聞有關「狐狸」等事情，可是族人講其捉狐狸的經驗必帶上夏曼・巴翁被魔鬼追殺的趣事，亦自此以後，族人便解釋狐狸為陰間魔鬼飼養的豬。

# 卷二

# 八代灣的神話

# 黑夜海洋的風聲

大約是我小學四年級的時候，我們飛魚汛期的第三個月的釣鬼頭刀魚月。在那個時期，飛魚漁獵的四個月①，幾乎主宰著父祖輩們情緒的起伏與說話的內容，專心服務於海洋韻律的節奏。在每一年的這個季節。傳統上獵魚的生態曆法是，白天專注於獵鬼頭刀魚的時間約是半個月，之後即可夜航捕飛魚，也就是說，達悟男人在飛魚汛期的釣鬼頭刀魚月，以後的一個月半是在海上的獵魚競技，同時也是白天釣鬼頭刀魚與夜間捕撈飛魚。

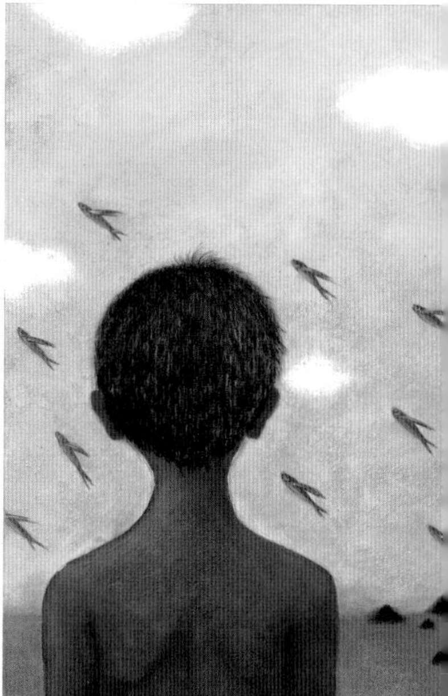

①飛魚漁撈季節分四個月（大月是西洋曆的二月至六月），所謂的一個月半是指，四月中旬以後的海上漁事。

就在這一個半月的時間，我住的部落依姆洛庫所有的還不能出海獵魚的男性，都在船隻進出海的灘頭玩耍，等待父親的返航，而銀白色的飛魚，父親漁獵的多寡也直接的挑動孩童們的喜悅與失落，彷彿是我們與海神間的初戀定情信物。

部落灘頭是我們認識魚類的源頭，也是未來出海的啟航點，假若父祖輩們回來的獵漁船隊都豐收的話，在灘頭上刮掉的飛魚鱗片多於「天空的眼睛」（達悟語，意指星星）時，那份清澈溪流般的喜悅，就是我們這些孩童在灘頭與海洋的潮間帶所建立的深厚友誼，以及培育我們日後參與捕魚行列時的智慧、勇敢，以及沉靜。在沒有電燈的歲月，星空的夜視界，明月的變換，特別吸引我們的目光，也為我們築夢的胚胎之宮。在等待船隊回航的時候，我們便在灘頭挖個沙坑，把纖小的身軀埋在沙坑裡保暖望星空，少年郎此時述說他自編的海洋知識與故事，所有的空間氣氛與專注聆聽的心魂都比學校來的貼切，故事也比教課書來的真實與真情。

因為我們編劇的故事是醞釀於沒有燈光的照明，是我們在自然環境下用身體行動實踐的，就像稻農耕作的過程一樣的深情意濃，深情也唯有同路人方知骨髓裡的甘苦意義

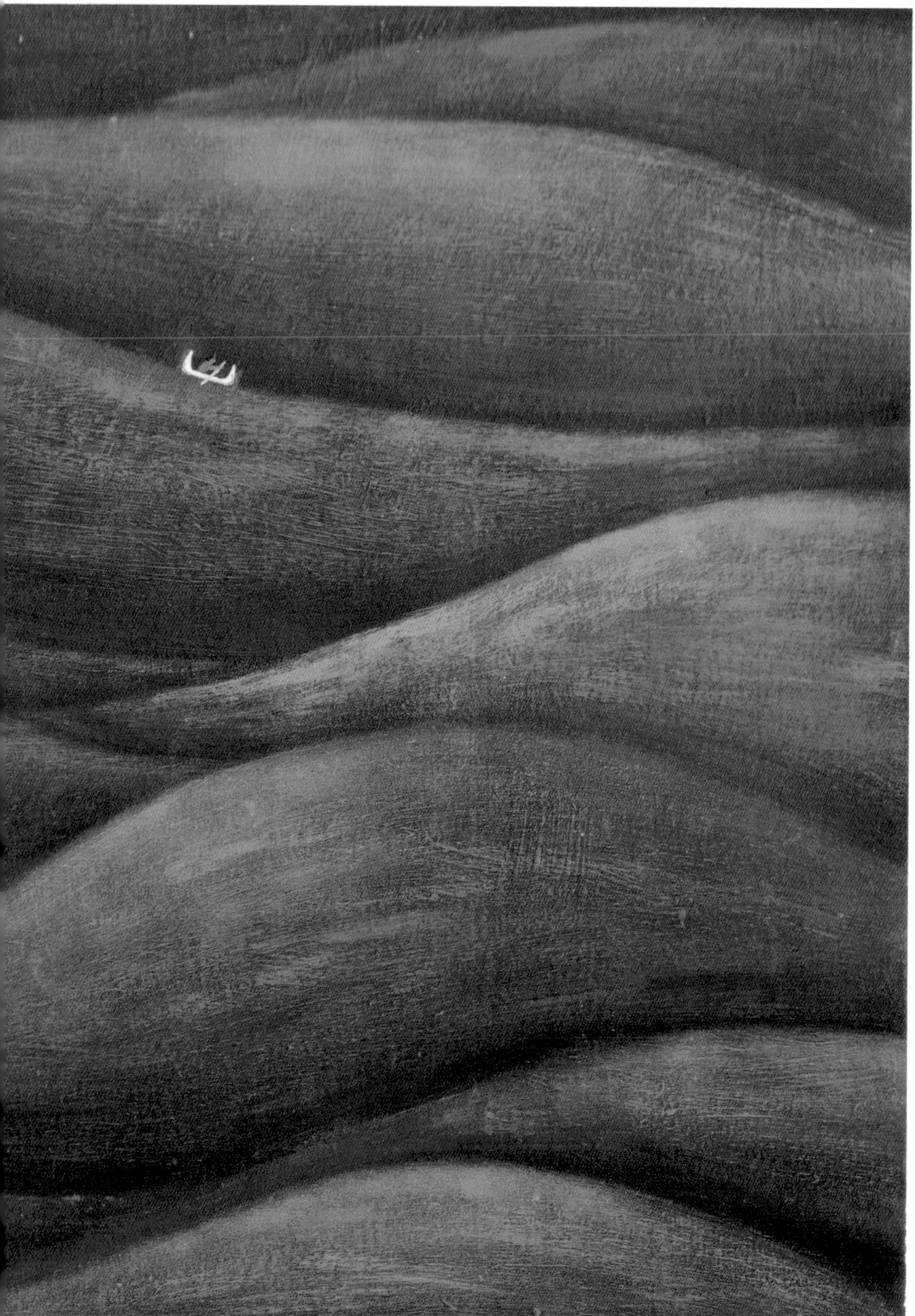

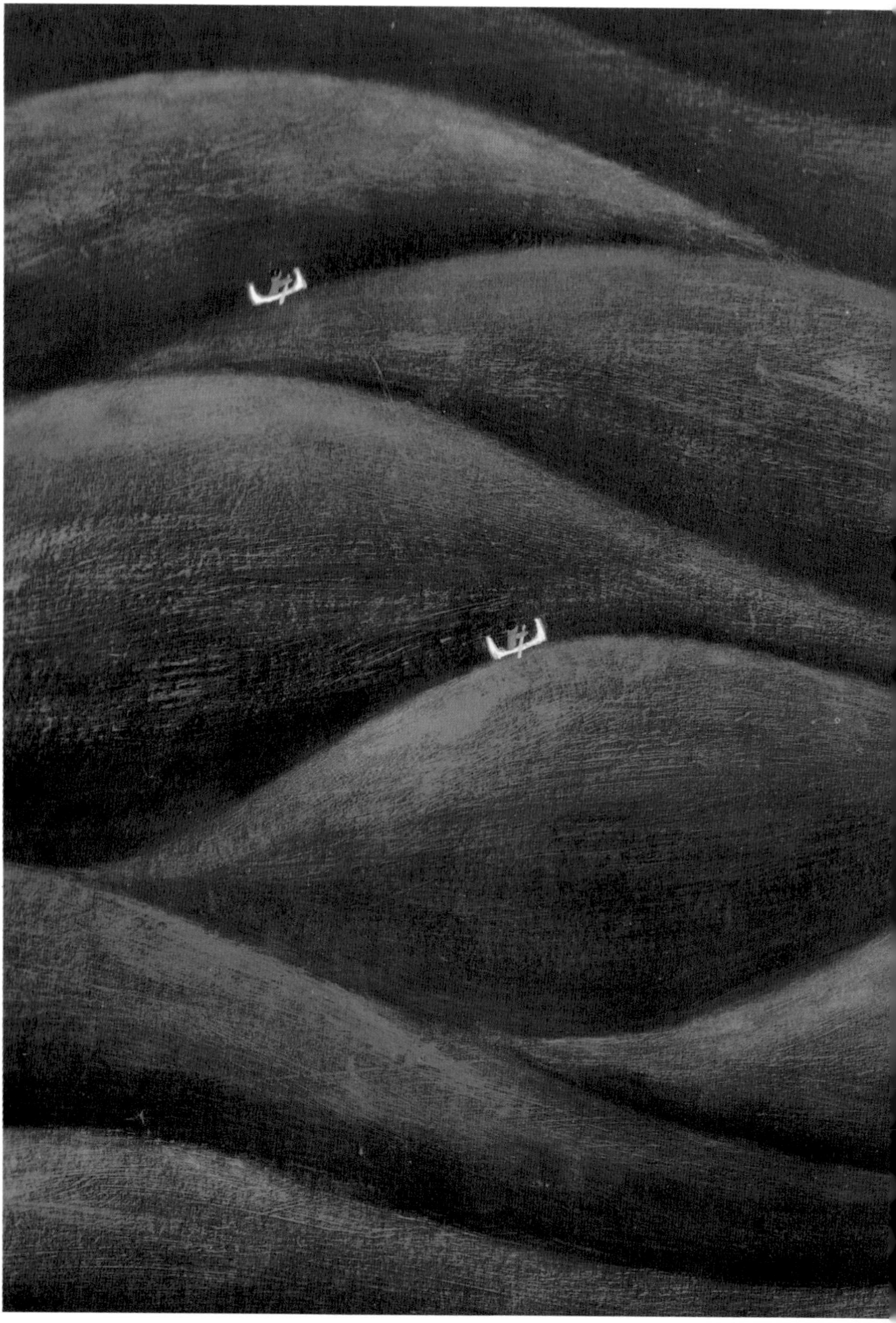

相似。

有一天我在沙坑裡睡著了，起來的時候，部落裡所有的男孩也都回了部落的家，在月光的照明下，我查看所有的船隻，灘頭的船只剩我父親的船還沒有回航。對我小小的年紀而言，這似乎已成為習慣，我就在船隻回來推進灘頭的沙道上，再挖個沙坑，然後再次的撿些沙灘上的乾材，用餘剩的紅炭再生火，好讓父親回來的時候，可以明顯的看見我。

當然我是恐懼一個人在深夜走回部落的家，恐懼在我回家必經的小路邊，隔壁家的那位就住在暗黑涼台下的視障姥姥，即使我以太空漫步的走姿經過，她敏銳的耳根，還有她那莫名的靈性，彷彿知道是我在走路經過，常常的從暗黑的涼台下冒出一句，問我說：

「切格奴②，上帝③回來了沒有！若是回來的話叫他給我上帝的麵包。」

---

② 我兒時的達悟名字。

③ 她的上帝，指的是我部落天主教堂的一位外國神父，他經常跟她說：「apen na pahad mo niyama ta doto.」（上帝會拿走你的靈魂。）

我怕聽見這句話，怕她伸手摸我的臉（神父滿臉鬍子），怕她問我，說我祖母起來了沒有等等的，於是就在沙灘上再次的生火④驅除鬼魂，等待黎明，但也是為了身體的取暖，以旺火忘記那位姥姥只剩牙齦的嘴。我趴著，這樣讓自己的視線與海平線同一水平，在漆黑的海上隱約可以辨別拼板船行駛的船影，其次，我父親不僅習慣性的在黎明前回航，他自己本身常依據這樣的獵魚行為，作為他在部落說話大聲的本錢。就在我身邊的潮聲，是輕柔的樂曲，引領我的心思通向起伏不定的未來想像，想像未來的生涯在夢境。

父親返回灘頭，喚醒我的時候，天已經亮了，而父親業已刮好飛魚的鱗片⑤，而且經常有兩三尾十斤以上的浪人鰺，我父子倆就這樣很驕傲的返回部落。

這是我所有的國小同學相同的童年記憶，同時我們幾乎在十四歲以前都沒有去過台

④ 母親跟我說，鬼怕火。可是達悟人的傳說，島上的火苗是魔鬼恩賜的，所以才有熟食的文化。
⑤ 鱗片必須在海邊刮好，才可以回家，反之，意味著家有噩耗，其次，當時家屋沒有自來水。

灣大島，在書本裡有台灣的地圖，社會科的課文裡也有說明台灣是美麗的寶島的內容，同學裡沒有一個人不嚮往台灣，或是變成台灣島嶼的住民，我也不例外，加上學校老師對蘭嶼的偏見，對我們來說，他們拿新鮮知識（其實，就是舊思維的中華文化）來貶抑他們眼見的達悟民俗，更讓我們從小就感受到，我們比台灣的人「低等」、「野蠻」。這是我個人對漢族老師的偏見之起源。

說我們在飛魚汛期的大清早就生吃飛魚眼，飛魚鰾，這是野蠻人的吃相，當然在我那個時代，島上沒有人經營早餐店，所以只能吃原初的食物。學校老師也說，達悟男人們每天只穿一條布走過來走過去，這是落後民族的穿著，老師似乎未曾思考過我們島嶼的自然資源，以為台灣人能達悟人也能的想法，就像我們每天游泳，老師卻說，海浪很危險，所以禁止我們去游泳，我們只好去老師看不見我們的地方去游。又說，政府給你們稻苗種植培育，你們說那樣的工作太麻煩了，你們是懶惰的一群人，而且如廁之後，你們都用石頭擦屁股（其實是環保、乾淨又省錢），你們髒死了等等的，卻不思考我們沒錢買衛生紙，即使有錢，那幾塊錢是拿來買台灣來的糖果。當時的小學老師沒有說過一句，恭維我們文化的美。或許那個時期的學校老師們的思維，沒有異文化存在的事實吧，也或許對於那些被流放外島的卑微老師，本身的心理素質就是有問題的。那些一九六幾年在學校裡學習中文課本的記憶與他們的教學態度，其實就是讓我們當時原住民的學童更為自卑的源頭，我的感想至少是如此。所幸，我們還有一片大海可以忘記老師傷害我們自尊的話語，用波浪治療我們被割傷的海浪氣宇。

島上的夜間沒有電燈，家裡有沒有煤油燈是不寫作業的正當理由（我喜歡寫作業，可是手指握鉛筆痠痛的很厲害，所以不寫，代價是抓青蛙給老師吃，劈柴給老師煮開水洗澡，但這樣的理由，並不等於達悟人學習新知的ＩＱ比台灣本島人差，主要是腦紋思路線條的差異，我們滿腦子都是海的影像，沒有平原的陸地想像，當然寫出來的作文語法句型是顛三倒四的，不被說「笨」也是很難的，就像漢人老師不會游泳，被我們說成笨狗一樣的哲理。）

其實，我不是在貶抑當時教導，啟蒙我們的老師，而是那個時代的學校老師忽略了生態環境的多樣性，漠視人文語言、信仰的差異性，他們刻意的忘記彩虹是多顏色的，看不清波浪的不規律，都認為漢族之價值觀是唯一的選項。

時光飛逝，四十幾年後的今天，我已成了中年老人，在飛魚季節的夜裡，兒時記憶的拼板船不再夜航集體的捕飛魚，它們只是靜靜的座落於灘頭，其功能成為現今外來觀光客最佳的鏡頭主角。我感念兒時的美麗記憶，緬懷拼板船在夜裡的黑色海洋航行，是民族男性集體體質，氣質的美學實踐，更是星空祝福的男人，是部落民族以簡易的生產工具從海裡勞動獲得少許生活資源，這是山林的樹材伐木，到灘頭的船隻，延伸到汪洋大海的漁獵的文化實踐，我熱愛這樣的生活質感，我因而經常夜間孤航，沉醉於被海浪搖晃的感覺，如此的環境與文化感知是起源於筆者從小就在部落民族的神話故事裡被啟蒙。

二十一年前遊子返鄉定居，在父母親的面前開始以母語書寫這本書「八代灣的神話故事」，當時唯一的目的是「學習漢語的書寫」，筆者全然不知，那是我「文學之旅」的灘頭。在筆者每次獵到十斤以上的浪人鰺時，父親三兄弟，我的堂兄弟便聚集在我家，他們在海裡獵魚，夜航捕飛魚，民俗的故事便在這樣的情境場合流露他們真情的記憶，回憶。彼時的理解是，他們的生活實踐的故事（小說）非常的精彩，我是被他們啟蒙，而非大學時期閱讀過的西方的，東方的小說。

筆者沉浸於父執輩們面對面的口述情境，那些朦朧的神話故事，在我心海傳輸者環境熟悉的浮動影像，彷彿環境在說話似的。朦朧的神話傳頌著模糊的是與非的焦距，想要探索看個清楚，是傷害「神秘」的朦朧帷幕，因而朦朧與模糊成為我性格的底盤，也是我的世界觀，命格的旅行「跟者感知走」。

今日部落裡的機動船多了許多，夜裡使用拼板船獵捕飛魚的人，在我部落裡只有我們三位五十來歲的人，許多強壯的年輕人雀躍的跳上機動船，乍看煞是追浪的男人的豪邁氣宇，其實在海神的視野裡是一群膽怯的人。自古以來，海洋是我們獵魚的競技場域，海神孵育我們的心靈心智，同學裡我是唯一喜愛造船的人，許多小傳統的習得於父親三兄弟，他們孵育我心智的蛹，讓我在黑夜的風聲中徜徉於海洋，他的孤寂在我船身敘述著現代人們遺忘的飛魚神話的傳說。

# 飛魚神話

從飛魚的社會功能談起。

達悟族長期生活於孤懸大海中的小島，在未與外界文化頻繁接觸之前，我們善於運用祖先世代經驗累積而來的生活智慧，並使達悟社會文化能持續不斷的運作與發展；這種運作與發展，全賴族人世代相傳的口傳文學、神話故事來維繫。這些神話故事，在實質上具有法律的效能，更具有宗教的約束力量。除此外，迷信、禁忌、精靈信仰，亦為達悟族人始終不敢正面違抗的。而在這些口傳文學、神話故事裡，又以飛魚季中的禁忌最多、最繁雜。舉凡漁獲量之多寡、天氣惡劣、風不調、雨不順，也與族人在飛魚季中違反禁忌，有相當密切的實質關係。是故，凡在二月至六月之飛魚季，若有某位族人違反的話，皆要飽受全島族人之詛咒與侮罵。為此，飛魚在達悟社會實際生活及觀念上具重要性，也顯示出該信仰在達悟族社會中，不只有其正面的明顯功能，更有其反功能及潛功能，以及相對於前述社會功能之外的個人層面上的功能。飛魚神話既具有詩歌之美，又極富海洋意義，可謂研究達悟先民祖先之宗教信仰和社會風俗的主要依據。

飛魚季期間是達悟族人禁忌行為最多、最繁雜的季節，凡在此季裡，族人皆要遵守所有的禁忌行為，例如：不能使用水槍標射其他種類魚群、不得放捕定置網、不許夜間在岩礁海域持潛水電筒捉蝦，在特定的日子裡，禁忌越過他人屋廊、禁忌乘坐他人船隻捕魚、朋友在海上捕魚相遇，不能相互交換東西，尤其是檳榔；另外，婦女不能觸摸男人在海上捕魚所使用的漁具、嚴禁孕婦拜訪其友人；諸如此類，飛魚季之禁忌，實在不勝枚舉。然而，這些禁忌行為之功能，端賴世系群族代代相傳，以免親人家屬中的任何份子，因不諳此季的禁忌而犯錯時，受到無妄之詛咒，飽受詆訐，備受冷視。所以，在飛魚季中，每位成年達悟族人，要特別注意自己的言語行為。爾後這種行為禁忌之模式，即是構成族人社會組織的主要基礎。因此，無論在外表或內含的社會生活的各層面，此飛魚季之禁忌行為，成了達悟族人的主要文化及社會結構的基準。

再者，達悟族是典型的島民，捕魚的生產並不比農業的生產意義為輕，甚至是更重要。在造作船舟的功能論上，又尤以捕撈飛魚的功能最為重要，為此，飛魚季無形中成了達悟生活規範的基準；因而，陰曆的開始是以飛魚季之首月為正月。祭祀、慶典的順序，亦依循飛魚季，相繼舉行。飛魚祭典之行為，延續至今而不衰的遠近因也就在此。不論外來文化如何的強烈侵襲，達悟族人亦不敢怠忽飛魚季之各種儀式慶典。由是觀之，飛魚禁忌行為功能，在族人心中早已根深柢固，牢牢維繫達悟族之文化，使其卓然獨立生存，綻放出高度的統合性與異質性。這些文化之特質全源自飛魚之神話，而發展出一套完整的達悟文化。廣言之，達悟文化即是飛魚文化的延伸。

依據家父口述，在很久很久以前，天神俯視達悟小島，發覺這小島實在是很美麗且富饒，又有種類繁多的洄游魚群；天神沉思，認為這小島沒人居住實在太可惜。有一回請了一男一女的孫子，坐在他前面，傳授故事。（傳說，天神並無娶妻，這兩個孫子，男的是從右膝誕生、女孩從左膝誕生。）故事講到一半，突然要求他們說：你們兩位是否願意下凡人間？你們看，那小島很美麗，不知你們願不願意到那小島居住？兩位孫子回答說：我們願服從您老人家的指示。為此，天神拿了一塊石頭，剝成兩半，然後，把男孩放進去，石塊復合後，再拿一節竹子，把女孩安放在裡面。一切都準備妥當後，把石塊以及竹筒同時從天堂放下來，由於石頭比較重，垂直落到大森山山頂，落到地面時，立即裂成兩半，而後，男孫自裡頭出來。另外，竹筒由於比較輕，被風吹到大森山山底，落地時，同樣從裡頭跑出一個女孩。由於是天神降凡人間，所以，當他們著地時，即立刻會走路，爾後覓尋食物以充飢。

此後，過了一段時日，男孩覺得山頂很寂寞，於是走下山去，熟悉環境。途中遇上了誕生於竹筒的女孩，兩人興奮得談起天來且敘述各自出生的地點。俟天色漸灰暗時，方各自回到自己住處，自此，兩人就經常在一起談天，最後，男孩決定遷徙山下與女孩毗鄰。有一天，正當在屋廊談得很愉快時，突然感覺到雙膝癢癢，癢來癢去，發現左右雙膝逐漸腫大，他們十分的驚訝，那時他們尚有尾巴。日子一天天的過去，膝蓋腫面日漸增大，期滿十個月後，兩人雙膝各自生出一男一女。他們除了高興外，並未負起養育

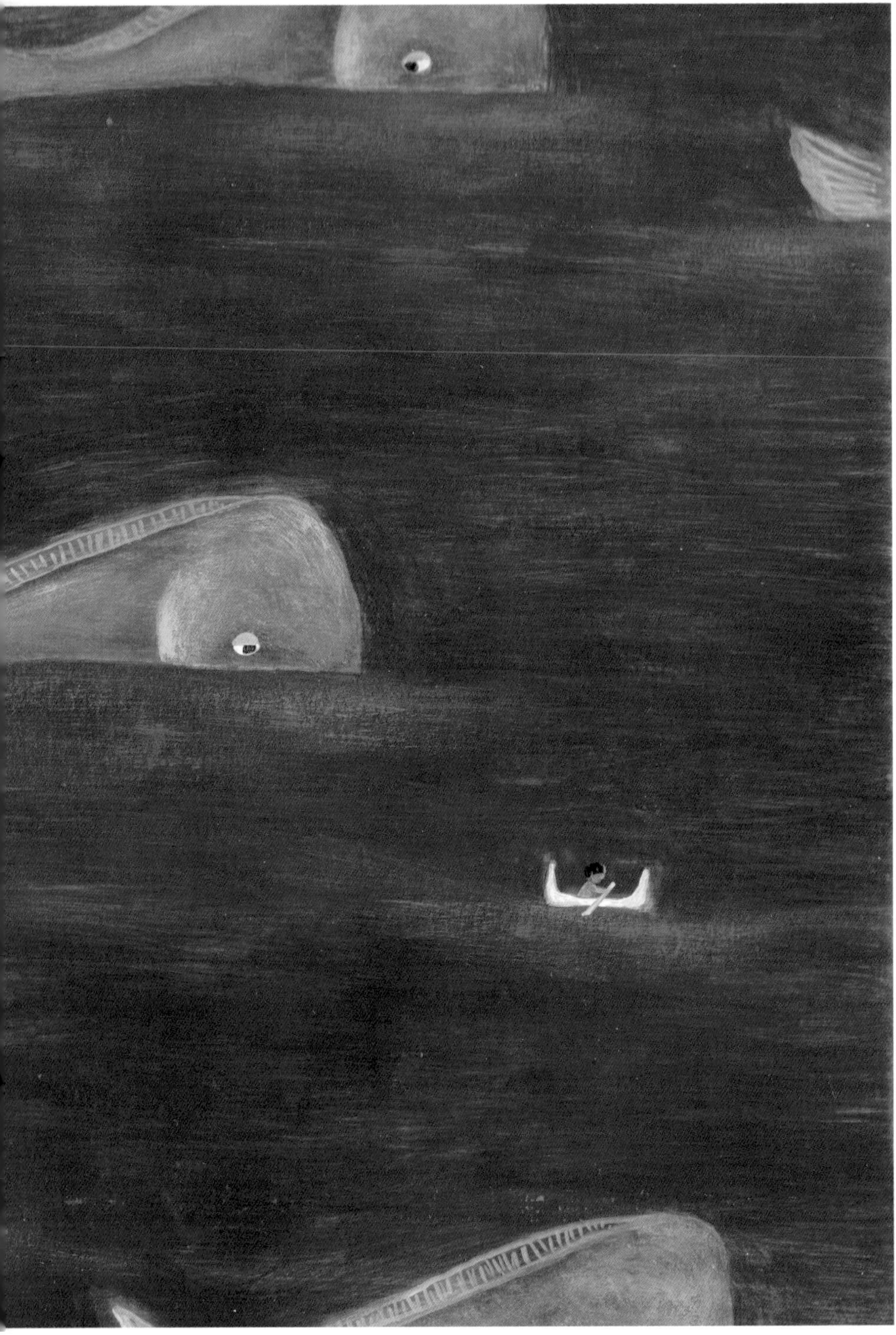

的責任，因為孩子生下來就可以起身走路。長大之後，兄妹兩人結為夫妻，不過生下來的孩子不是眼瞎，就是跛腳。降生於硬石的父親說道：「朋友，兄妹結婚所生出的後代皆為畸形，我想了一個辦法，就是互換妻子，不知你的意見如何。」竹女回答說：「這或許是好辦法。」

過了一段時間，交換妻子以後，所生的孩子和正常人一樣，有眼、鼻、嘴、身體四肢。彼時，硬石人與竹女，當了祖父、祖母。自此後，硬石祖父開始為達悟島上所有動植物命名，不過當時他們尚沒有自己的名字，一律稱為Tawo（人的意思）。在原居地住了五代後，舉家往南遷至平地，同樣在此住了五代後，移居至現在的復興台地①。此時，由於距海邊較近，開始與海接觸。那時，沿海礁石區盡是海鮮，無所不有，肚子餓時就去海邊撿食。有一回，眾人前往沿海礁捉貝、蝦，突然在礁石溝上發現兩條有翅膀的魚，於是眾人聚集圍捉，捉了一條，另一尾躍出溝池飛向海洋。彼時，他們興高采

① 紅頭村公共用地。

烈的回村，誇示他們捉了一尾有翅膀的魚，然後把魚和其他繁雜的貝、蝦煮在一起（當時，達悟人是擊石引火），煮熟後，全村人同來共享食用。過了幾天，全村人不是皮膚潰爛即是生病，他們覺得納悶且奇怪，全村人怎麼同時染上怪病，怎麼醫就是治不好。同樣的，飛魚群也大量染上瘟疫、死亡。那時，飛魚頭目——黑翅膀就司集其他種類的飛魚群商議，究竟是什麼因素使整個飛魚族染上瘟疫、生病。此時，沒有被達悟人捉到的飛魚出來說：島上的人類把我們和其他的蔻蟹、海貝，混合在一起來煮食。黑翅膀飛魚才恍然大悟，了解同類生病的原因。就在同時，硬石人與竹子人的後裔已開始研製船舟，經歷無數次的失敗，最後找到木棉且把它塞堵板木間的縫隙，使船身不致沉沒。彼時，黑翅膀飛魚首領說：「人類生病很可憐，我們生病也不好受，這樣好啦，我去託夢給那老硬石人。」眾群飛魚異口同聲說「好。」於是黑翅膀飛魚的靈魂利用深夜去跟人的靈魂講話。那時，老人正在睡覺，飛魚對他說：「人類，你們為什麼生病，為什麼生瘡；我是這個季節魚的靈魂，黑翅膀飛魚。我想，你們之所以生病的原因是，你們捉到一條飛魚時，把牠和其他種類的海貝、蔻蟹混合著一道煮、食。我們是二月至六月的洄游魚群，我們的名字是Alibangbang（飛魚）。此後，請你們人類不要把我們和其他海產混煮，這樣會使我們生病，亦會使你們生瘡。記住，當你們要煮食飛魚時，請你們造作另外的鍋、魚盤。而且不要用Dengdengen（煮）這個字，要用Zanegen（亦為煮之意）的字，以和其他魚類區別，因我們是你們島上生命的泉源。你們要如此的尊敬飛魚，每一年你們才會有豐富的飛魚吃。另外，掛吊飛魚的木條要井字形，井字下面的每一根椿要放上一塊小石頭，這代表飛魚魂，還有許多有關飛魚季中的禁忌需要讓你知道，不過現在是午夜，或許你無法全記住，這樣好了，明日一早，在吃完早餐後，下去到海邊岩石上站立，當我們看到你站立時，所有種類的飛魚會飛到你身邊讓你認識。」過了片刻，老人醒來，乍看外面黑夜寂寂，此時，他方了解是飛魚魂託夢，於是靜坐那兒，重溫飛魚神魂託付予他的種種原則、禁忌，然後等待黎明的降臨。

到了第二天早晨吃完早餐後，老族長開始整理行囊，取出花紋禮衣及丁字褲，然後穿上，戴銀帽、首飾、項鍊珠寶。待一切都準備妥當時，即上路且尋找那塊凸出的岩石以站立。找到之後，就安穩的站立，而後脫下銀帽，把帽朝向大海，爾後唸道：

我生命的泉源飛魚神明
我　特待您的指示教誨
銀帽　呼喚您的聖名
我忠心遵守您的旨意

彼時，飛魚群看到族長在岩礁上站立，即紛紛飛近他那兒。首先是飛魚群首領——黑翅膀，飛躍到老族長身旁，黑翅膀飛魚說道：「我們的數量並不多，可是卻為飛魚群裡的貴族，你們要在甫舉行飛魚祭典後的一個月內，夜晚乘船持火炬來捕撈我們，不過要記住，切勿使用火烤食這類的飛魚，若不依循，將使你們肌膚生惡瘡。第二個跳上來的是翅膀呈紅色的飛魚叫做Saliliyan②，這群類的飛魚數量最多，其肉質較細嫩，你

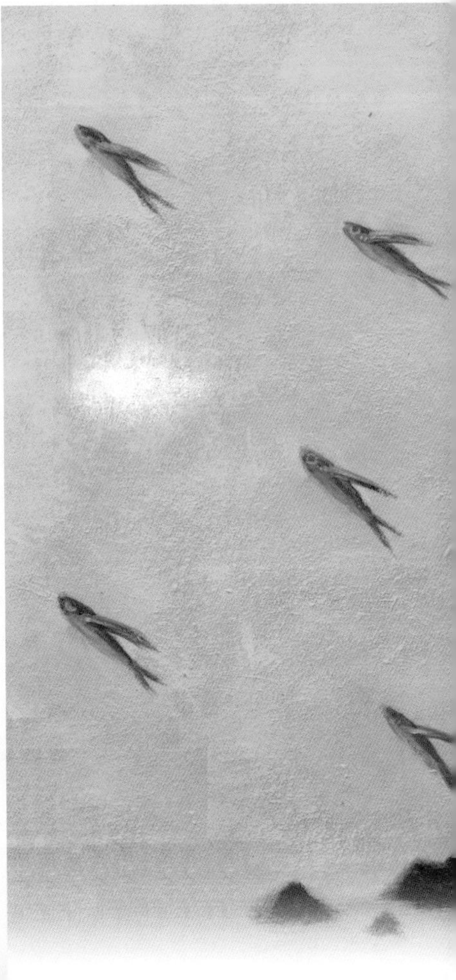

② 飛神的一種。

們要在白天釣牠們，這類飛魚亦為Arayo（鬼頭刀魚）喜愛的魚餌，夜裡捕魚時，十之八九是屬於這類的飛魚。第三條躍上岸的是叫做Sosowohen的飛魚，牠們和我們（黑翅膀飛魚）一樣，量少，最先到達你們達悟島上，你們要用銀帽、珠寶祈祝牠們，並且取出牲血祭祀、求助牠們賜予豐富的漁獲量，Sosowohen可說是你們最先吃到的飛魚，而且只能在夜裡捕撈牠們，禁忌在白晝船釣這族類的魚，然後要在夏季再行一次儀式祭拜之。第四種的飛魚是Kalalaw，牠們在飛魚群類比較沒有地位，通常這族類的魚會在四月下旬和Saoioiyan一道洄游到你們島上。當你們捕捉到這種飛魚時，可以立刻切下來煮食給小孩，因比較小隻。另外，請你記住，Lokolok千萬不能給小孩吃 ，只有年老者方可食用。以上是飛魚的四種類別，這四種飛魚祭拜的日期與方式有所異同，你也必須依照我的指示行祭典。前後一個月（二月—三月）先行持火捕撈Sosowohen的飛魚的拜拜，這儀式僅能由大船之漁團族舉行，然後在三月至四月是小船、雙人船之白晝船釣，四月之後，不論大、小船皆可捕撈飛魚。在交替捕飛魚方式之日，你們也要舉行拜拜的儀式。以上所告訴你的務必牢記，到了六月初，就是捕撈飛魚結束之際，那一天，要隆重舉行飛魚祭典結束儀式且集體祈求道：

飛魚神魂，達悟族人生命之泉源
族人祭祀　你
冀求明年此季依舊的
踴躍飛躍我的船舟
蓋滿我的船身

如此，聽到你們的祈求詩歌時，我們將感到無比的榮耀。備受讚美之餘，亦會賜予你們豐富的漁獲量。

六月之後，把你們曬好的飛魚乾收藏好，迨九、十月③之月圓之日，你們務必要把

③與漢人中秋節同日。

曬乾的魚乾全部吃完，當然，在六月至、九、十月期間，你們可以陸續的吃，就是在十月月圓之日前全部吃完，在這當天，亦要舉行拜拜，親朋好友相互贈禮。第二天，若有剩餘的魚乾時，皆要全部丟棄，不能存留幾尾魚乾。這規則除了表示尊敬我們（飛魚）外，在飛魚季之後，你們就可以捕、釣、網其他種類的魚。為此，飛魚季期間，不能且嚴禁捕其他的魚，若不幸網到其他的魚時，務必放生。同樣的，飛魚季之後，如果捉到飛魚的話，你們也要放生。倘若你們族人之中不遵守這約定、規則的話，天神將處罰你們來年沒有飛魚可捕，使你們飢餓，流年不利，乾旱、飢荒、瘟疫充斥全島。反之，如果遵循、依照我們所述之一切禮儀的話，天神必將賜予你們豐富的食物，牲畜繁殖快，各類魚群湧到你們島嶼，讓你們有吃不完的食物。

其次，當你們舉行大船或單人、雙人船的飛魚祭典儀式時，嚴禁非漁團族員擅自闖入其他船族員的聚會所，因為，非世系家族、船族員的闖入，將遭到惡靈的糾纏及攪局，使你們捕不到飛魚。所以，在漁團船族員聚會所之周圍要架上竹子做圍欄，以示內部為禁地。另外，船族員中的任何一個船員妻子懷孕的話，也嚴禁踏入船族員的聚會所，在大船船員行夜間持火把捕魚的半個月內，禁止船員回家睡覺，因惡靈無處不有，違悖者將使全村漁獲量減少，不僅如此，而且還會導致全村陷入飢餓，惡運連連。此時，全村村民皆可以「惡言詛咒」違反禁忌者，為避免此詛咒，需遵守禁忌的規定。以上所講的，請你牢牢的記住，往後祭典儀式、禁忌行為，由你負責傳播予全村村民，讓他們了解所有的規則，使他們勿再觸犯飛魚季中的種種約束。

從吃完飛魚乾那天算起，到下個月月圓期間是你們的「凶月」，這期間要製造檳榔用的石灰以及製作陶鍋、陶碗，以補充飛魚季中被打破的飛魚專用器皿。十一月結束即是十二月，在這個月初，是你們祭神明、拜祖先的日子；以祈求天上神明降福你們，而祭拜食物以水芋、山地瓜、旱芋以及小米；牲畜以羊、豬的內臟為主，不過禁忌以雞祀之；此日，不僅要努力種小米，更要加倍細心照顧它，待豐收時，天神將高興萬分，因為祂喜歡用小米祭祀祂；另外，還要歌頌、讚美祂祈求天神明年賜予你們豐饒的糧食、漁獲，使你們年年慶有餘。一月份種植山芋，以備飛魚季期間食用。二月份，殺羊、殺豬，以祈福遠海捕魚者平安回航。在這個月份要洗滌飛魚專用的魚盤、陶鍋、陶碗。由於二月是小月，準備的工作很多，如採集拜拜用的東西、藏好吃的魚乾、砍飛魚專用的木架、修補船身、採集編織槳繩等等，一些瑣碎的事你們就自行處理。黑翅膀飛魚交代所有的事情後，即與長老族長道別。這些飛魚季的規則及每個月所要做的細節，長老就牢牢的記住，然後傳授予全村之族人。

於是，達悟族在復興台地Jicakawoyan（地名）區，首次舉行飛魚祭典。每回他們豐收飛魚時皆歌頌唱道：

出生在大森山的人類
遷徙山下平原居住
龍頭岩是捕飛魚的漁場④
把飛魚帶到居住地

④即核廢場前的海域。

在屋簷後我們歌頌⑤
亦在那兒享用大魚

當然在同時也為釣到大魚而歌頌，歌詞大意為：

當拉魚的魚線累時
釣竿立刻垂直
然後彈回岸上的石頭上
真如天神替我們划船般的
輕鬆　過癮

他們也為新造的大船、小船而歌：

⑤長老吃大魚，並歌頌平安。

Jiminavoit和Jicakwoyanl（地名）
是我們造船的地方
將船推到海上試航
學習如何捕魚
捕捉天神賜予的動物

凡如此類歌頌天神、飛魚、新造的船舟，實在多得不計其數，而且流傳至今的故事以及歌詞是最富創意、原始味，為後代達悟族人所津津樂道之。另外，歌詞之詞彙、曲調亦為後人所仿效的標竿、準則，是故，在每回飛魚季結束時，便有眾多的族人聚集於村中長老家中聽故事、歌謠。除了聽一些這期間有趣的事外，主要的還是專注吸收長老族人們所傳授飛魚季期間的戒律。

在飛魚飛到海裡後的第二年，達悟祖先即遵照其所指示的各種祭拜儀式、禁忌行為實行，自此，馳名遠近的飛魚季就揭幕了。如是一代傳一代的奉行，一村接一村的實

CHU CHIA

踐，一直流傳迄今，從未流產、間斷。就是近十數年外來物質文化介入達悟社會，以物易物之交易行為的改變，外來語言、傳播媒體的入侵與居住模式的突變，達悟族也不敢輕率的因異族文化等持續強烈的侵襲而改變飛魚季中的任何祭儀。這並不表示達悟族排外意識濃厚，而是飛魚祭儀在達悟族之社會結構上佔有極重要的戒律功能。如今，此功能也不因達悟青年接受教育的增多、知青山頭而有所變質，反之，本土文化意識逐漸昇華，端賴綿延相傳的「飛魚文化」來維繫。

當然，弱勢文化要能在經濟、政治強大的中華民族裡生存是件不太容易的事，加上執政者有意無意的削弱少數民族之文化發展。尤其是生存在蘭嶼島上的達悟族，其「危機」的跡象，正如外來文化日日的搶灘而日日的走向窮途末路，我除了呼籲達悟青年「自重」外，希冀執政者能予以扶植、輔導相當重和；使達悟飛魚文化之精髓能在日漸煥發光明的華夏文化裡頭綻放出其微弱的光。

# 我的童年

在六〇年代初，有一位潘姓的平埔族同胞，從台東新港乘坐四十馬力的機動漁船來蘭嶼教書。他左手提著兩本書《中國近代史》、《西遊記》，右手握的是結結實實的籐條教鞭。

彼時，小學生的我們，從低年級、中年級、高年級共四班六十餘位，到海邊列隊歡迎這位被譏笑為瘦皮猴的老師。當他雙腳踩上我的島嶼時，一群衣衫襤褸、骯髒不堪的達悟學童，就用盡吃地瓜喝魚湯的力氣嘶喊「老師，好！」高亢嘹亮的聲音久久繚繞在蘭嶼的天空中。他摸摸耳根，緩緩的舉起雙手，露齒的說：「達悟的『小鍋蓋』，十四小時在海上的，擠出來的音量好像長年生病的黃牛喘氣聲，令人憐。」但他的模樣、姿態如同天主教神父來到此地時同樣的神氣；也同樣的帶著「感化」的工具——教科書與聖經、教鞭與十字架。

不久之後，他就帶著不離手的教鞭穿梭在村中不規則的石砌人道①、海邊、河溪、監獄廚房、雜貨商店；追捉不適應學校教育而逃學的孩子。經他追上捉到的，一鞭「咻」的恐怖聲，立刻的，狠狠的落在後面的褲子的屁股上，烙印深深的一條紫色。「咻」的急速音，頓時淹沒了村中孩童的純真嬉戲聲。在歷經無數次的嚴苛抽打、體罰；我們這群十來個十、十一歲的孩子，帶著恐懼的心魂規規矩矩的、乖乖的上學，坐在牆壁業已斑剝多年的破舊教室裡，正式接受有壓迫感的「漢式」教育。

由於這位「平胞」老師有「素行不良」的紀錄，而且特別嚴厲兇悍，顢頇霸道，使得每位同學莫不畏懼他萬分。因此，對他的第一堂課，第一個故事「吳鳳」也就格外的專注聽講，加上他胡吹亂蓋，瞎三話四的技巧一流，在事隔廿餘年後的今日，我仍清晰

①人走的道路。

的記得他的話語。

記得他好不謙虛自傲的說：「我，潘老師，象徵吳鳳的『精神』（當時我們不知道吳鳳是何方人物）來到這荒島——蘭嶼，『感化』你們這些『野蠻人』的孩子；我要教育你們脫離落後、原始的生活；教育你們成為『文明』的現代人。我將用教科書炸開你們硬如石的腦袋瓜；成為堂堂正正的中國人、乖馴的達悟未來主人翁。今天，我要講一個很好聽的故事——吳鳳。他就是……往後，你們『學習』他『捨身取義、殺身成仁』的『偉大』精神。如果不是『吳鳳』，今日台灣的山地同胞仍然會『砍』別人的頭，不會革除這個『惡習』的；而老師的腦袋能保留到蘭嶼和你們這些『小鍋蓋』生活在一起；犧牲自己，『拯救』你們；吳鳳從大陸到台灣『感化』山地同胞；我潘老師從台灣願漂流到蘭嶼教育你們的行為；就是吳鳳的（停頓，看看每位同學的表情）……（大聲喊）『精神』。你們要牢牢記在心中，老師的話（表情與口氣好像電影裡的巴頓將軍）……。」聽完了故事和他頗有說服力、節奏感的訓話後，各個同學都低著頭瑟縮在矮小的桌椅上不敢正視他；嚇得猶如人在海中突然有條大白鯊擦身而過的破膽慘狀。而且，他的話語彷彿強逼我們承認達悟族的祖宗聖賢也有馘首的習俗似的。在被吃飽的惡狼舔舐的小白兔、正在心跳時的我們，在下課後立即交頭接耳、輕聲細語的在幾乎沒有中國歷史常識的慘況下，相互對問：「這，是不是真的歷史故事？」

# 飛魚認識我

哼……呀哼……
不畏驚濤駭浪的少年，
憑著結實的雙臂。
划著達悟船，
衝破通往小蘭嶼的
激流暗潮。波波浪濤
隱藏著祖先最愛的——
飛魚。

阿爸飢渴的舌尖，是我少年征服海神的匕首。

經常，阿爸背靠著撿回來的陳舊鐵椅，仰頭望著被柴薪燻黑的牆，牆上貼滿許多發黃的相片，兀自哼著這首少年時自創的詩歌。我緊緊抱著不足一歲的女兒，專心聆聽。好美的一首詩，我想。在兩坪大的國宅客廳裡：阿爸吟唱道地的詩歌，呈現達悟族人之含蓄、哀怨與悽惻。

五月天正是蘭嶼飛魚孵卵的旺季，這個時候的達悟成年男人無一不往海上逞英雄。前年，阿爸的船早已破爛了。這些天的傍晚，只要我在家，他便經常一遍又一遍的唱著這首詩歌。我猜想：阿爸一定很想吃新鮮的飛魚，否則，為何老在我面前哼著這首歌？七十七歲的阿爸仍有顯明的肌肉線條，再看看摸摸自己的肩背肌肉，不禁自慚形穢起來。

「哼……不畏驚濤駭浪的少年……」阿爸復又吟唱，似乎明白告訴我：出海吧！孩子。

太陽快落海了，南風夾著飛魚的腥味吹拂，即將出海夜航的達悟男人精神抖擻，早已備妥了漁具。我再不出海，阿爸阿媽又要七早八早出門上山工作，逃避前後鄰居的男人因飛魚豐收而帶來的歡笑。因此，為證明我也是海上勇士，也可從事傳統的捕撈生產，證明自己也有足夠的膽識在夜間單獨出海，體會達悟人為生存而在汪洋大海中一葉孤舟與自然搏鬥的榮耀，甚至，希望藉此逐時累積自己的傳統地位。「出海吧！達悟勇士。」我這樣鼓勵自己。

於是，我立刻起身備妥漁具，走向鄰居表姊夫的家。

「姊夫，今晚讓我划你的船出海，好嗎？」

「我等你這句話已經很久了，有何不可？」姊夫微笑回道。跑回廚房囫圇吞下一兩口飯，一男一女的孩子跟在後面歡笑追逐。我微胖的女人恰好提著兩桶飲用的泉水回來了，問道：「你要幹嘛？」

「我要出海，借姊夫的船。」我說。

我微胖的女人又問：「你要一……個人划船捕魚啊？」「那當然！」我自信的回

道。

「你行嗎？飛魚認識你嗎？飛魚在哪兒你聞得到嗎？你會撒網嗎？不怕翻船沒人救你嗎？」這個女人如此損我，削弱我出海的勇氣，真令我厭煩至極。

「他媽的！幹嘛說這種話？詛咒你的男人啊！我是達悟人呢。這種基本的求生技能要我永遠不去學習啊！當表姊夫他們在早上吃新鮮的飛魚的時候，你不是一直流著口水嗎？再說，我們不都是吃飛魚長大的嗎？你啦，父母親啦，孩子們啦，這時候我也想用飛魚餵飽你們呀！」幹！怒視著我微胖的女人，我氣沖沖的走向海邊。

「爸爸……爸爸……你要去抓大大的鯊魚哦！要給雅蓋（祖父）吃哦！」兒子抓緊我的褲子天真問道。「唉……」我壓抑自己的憤怒跟兒子說：「鯊魚對我們而言是惡靈，是不吉利的東西，是所有魚類裡最醜的，以後看到爸爸出海的時候不能說這種魚的名字，知道嗎？」兒子點頭答應。

「你要抓鯊魚回來哦！」兒子及時摀住妹妹的嘴巴，「噓……爸爸會很生氣哦！」真氣死人，復瞪著我的女人說：「看，都是你那張爛嘴！」

太陽已經下海了，遙遠的海平線染上濃濃的紅色銀光在波峰閃爍，宛如飛魚脫落的鱗片，呼喊著達悟男人的船隻：「來吧！來吧！自古以來就熟悉的船兒。」此刻，達悟勇士和船隻並排在出海處，沉著的蹲坐等待天黑；而我則既興奮又緊張，「今天是我個人的處女航，無論如何，一定要賜我飛魚，拜託拜託！我的祖宗。」我小聲祈禱。

啪的一聲，船一條接著一條劃破了海浪，滿載達悟男人求生的鬥志，驕傲的憑經驗去追蹤飛魚群的海域。此時，我心臟早已框框然跳動，眾舟一槳又一槳的相互競賽。「啟槳吧！小心划，這條容易翻，用身體和船隻平衡就可以了。」姊夫如此叮嚀。「放心，我會的。」

堅固的雙槳啪的一聲，船隻便輕巧的前行，興奮雀躍生手如我，也和其他經驗豐富的達悟勇士共同擁有同等價值的驕傲——征服海洋。「不畏驚濤駭浪的少年，憑著不甚結實的雙臂……」我獨自在木塊拼成的船上哼著這首歌，漂來漂去，像是搖籃裡的嬰兒沉醉在母親雙掌推動的旋律中。大約划了一百多槳，抵達了漁場，眾舟業已停止雙槳，撒完了漁網靜靜的等待漁汛；我也差不多如此。點燃一根菸，盡情享受此刻怡人的景色，內心的喜悅與驕傲唯有親身體會的人方能感受。

期待了二、三十分鐘，感覺到網裡已經有了飛魚的掙扎。「嘿！聊勝於無。」收網吧！兄弟。「不畏驚濤駭浪的少年……」這回絕對不會讓父母親七早八早的上山工作了。眼看數尾銀白的極力掙扎的飛魚愈來愈近，我便愈為興奮，弄得面孔汗水如泉湧。到了！為防掙扎的飛魚脫落，我輕輕拉網。「嘿！真美！」我抓緊初獲魚（Akokay、Sikatowan）①貼在臉龐親吻復熱吻，久久無法釋懷，喜悅榮耀占滿身子所有的細胞。不由得仰望星空道：「謝謝你，天神。」小心翼翼安置初獲魚之後，便加速抓起其他的漁獲；這回算來大約有十多尾，成果差強人意。

環顧四周，擠滿了許多船；如果想要豐收，唯有遠離，我這樣幻想。遂獨自划向更外海，離船群約莫七、八十公尺，孤單的我哼著阿爸的詩歌以為壯膽。拋下漁網，漂呀漂呀，感覺真好，可是會怕。點根菸消除緊張，順便排整船尾的漁獲，「真他媽的，

① 達悟語，飛魚是Alibangbang，然在海上作業時非用Sikatwan不可，以為尊敬。

運氣還不錯。」自個兒忍不住誇讚。忽然，唰……瘋狂的飛魚直衝我的網，浮標忽起忽沉，數十條銀白的飛魚，雙翼掙扎濺起了波波的浪花，我即刻抓起右槳猛向海面拍擊，咔……咔……，欲圖驅趕後來的魚群，同時唸起了古老的詩歌：

「飛魚啊！飛魚啊！願你像雨滴滴我的船身這是我造船的目的我將用銀帽、金箔片、鮭紅的牲血祭拜你。」

我一遍又一遍的唸。繃緊的肌肉緊緊抓著繫網的繩索，顫抖的身子和著波浪的律動，我撈取一掌多的海水抹在滴燙的臉，「這回定有六、七十尾的飛魚。」我猜想。離岸邊太遠了，還是早點收網。「適可而止就好，等著明晚再來捕吧！」

真的，收穫不錯。一條……十條……六十……七十條……漁網末端的浮標忽隱忽現，船尾的魚倉裝滿了飛魚，許多尚未斷氣的在船內剩餘的空間裡不斷展翅拍擊甲板；最後的掙扎看來很令人疼惜。「唰……」濺起好高的浪花，我想，一定是條大魚，於是又緊張起來了，小心翼翼的拉著網，頻頻拭去額頭的汗水，在微弱的月光下睜大瞳孔辨認。嘿！好大尾的Arayo（鬼頭刀）「我贏了！」好光滑的大魚，哈哈……我情不自禁的笑了起來。

「不畏驚濤駭浪的少年……」達悟勇士回航啦！我驕傲的哼著阿爸少年時自創的歌詞。弦月的月光引導我的航道，此刻感覺雙臂結實有力，划一槳，滿載飛魚的船身至少前進十多公尺。

幾位村裡的老人正坐在海邊石上聊起古老的傳說，合唱古老的詩歌。「夏曼②，那麼快就回來啦！」一位老人問候。「飛魚很少③，只好早點回來。」我說。「真了不起，還網到Arayo，今晚你是贏家。」

「那麼快就回來啦！有沒有飛魚？」我微胖的女人用懷疑的語氣問道。「爸、媽，我回來了，今晚的飛魚很少，不要怪兒子不會撒網。」放下背後的飛魚及Arayo，「嗯……」阿媽猛搔頭上的蝨子，說不出話來。阿爸平時難得一見的笑容，此刻被我的飛魚擠出來了。我的女人高興的又說：「不錯，我們真怕你空手回家呢！」阿媽忙裡忙外，

---

② 夏曼（Syaman），指某某孩子的父親。

③ 飛魚很少，言下之意為收穫尚可。忌諱說很多飛魚，是因此類的說法是在詛咒牠們。

好似年輕了廿歲。「胖女人，我是達悟海上勇士。」我說。我的女人回道：「跟爸爸比還差得遠呢！有啥好驕傲？」真氣死人，不誇讚一番，反而還要損我。算了，不跟她說話。

翌日，太陽依舊從東方升起，「不畏驚濤駭浪的青年」擺動如雙槳堅實的雙臂昂首走在社區巷道上，族人皆要閃到一邊，好光榮哦！

# 不願被保送

在海平線上，遠眺黑色的小漁船，桅桿分不清楚是人頭還是避雷針，緩緩駛進達悟族的海域，眾多的達悟孩童在被老師罰捉青蛙、鰻魚、田螺之後，急速飛奔至海邊，雀躍等待那兩三個月才來一次的機動船。這是五〇年代的我們與外來漢人逐漸接觸的開始，而外來物質文明的利誘、公務人員之服飾，此時亦給我們達悟族孩童深深的影響。

民國五十九年，我小學畢業，由於我是獨子，家父百般勸阻，說盡達悟族的傳說故事，要我承繼這樣的價值觀，堅持達悟傳統的生活禮儀，尤其是學習造舟、建屋、吟古謠，阻止我念國中。然而在同學的集體升學以及「米」、「衣服」的種種引誘下，我終究還是斷然拒絕了父親的勸說。

在我念國中的那一年（民國五十九年），是蘭嶼國中甫成立的第二年，學校建築相當的缺乏，教室就是餐廳，宿舍是工藝教室，所幸在這種惡劣的學習環境下，我遇到最有愛心、耐心的老師，而在民國六十二年順利的考上了台東中學。

還記得離家求學的那天，父親身穿藤衣、藤盔，手持長矛，在往碼頭的路途中，流下他這一生的第一滴淚，而母親也一直用我送給她的那條毛巾，重複的拭著那欲語無言的雙眼，我望著那無垠的大海，沉思族人與大海搏鬥的影像，揮手告別沙灘弄潮的童年記憶，如今，當時的情景，依然深深的烙印在我的腦海。

民國六十五年高中畢業後，我被保送師大音樂系、高雄師院英文系，以及高雄醫學院，當時台東縣政府教育局說，這些學校任我挑選，但條件是要參加甄試。

然而，我卻拒絕了這樣的保送，理由是：別人能考上大學，我為何不能！難道山地學生只有保送才有機會上大學念書嗎？只有當老師才能為桑梓服務嗎？只有經過這種方式才能改善生活嗎？因而，在這樣的意識支配之下，我隻身來到了台北。

在分辨不出東南西北的大都市，沒有海洋潮聲的指引，我感覺到一個單純的達悟青年來這繁華的都市中，他的種種是多麼脆弱、多麼孤單。這使我突然意識到，我不是這裡出生的人，我的家鄉沒有斑馬線、沒有大廈、沒有拉皮條的、沒有搶劫、沒有迷你裙……只有鄉間小徑、地下茅屋、丁字褲以及種種攝影機的「獵物」。

在台北，我開始學習這兒的生活習慣，調適自己，擴展自己的生活圈，直到民國六十九年才考上我想要念的大學。考上大學之後，我回家了。興奮的心情，使我掩不住臉上的喜悅。看到海天一色的故鄉，令我想起自己荒廢的泳技；擁抱肌膚鬆弛的雙親，感覺到歲月不饒人的殘酷；而當長輩用他們那已經失去紋路、長滿肉繭的手掌，觸摸長髮披肩的我，我才發現自己終究是屬於這個島上的人。

一切都變了，變得令人目不暇給，變得使我一時難以適應。族人酗酒日甚、孩童伸手向觀光客要錢、觀光客拋糖、玩弄純潔的童心、滿足他們的文明支配慾、外來資本家利用達悟當地資源賺取利潤。

真的，一切都變了，唯有大海沒有改變。除非達悟族的下一代能夠摒除私慾，真心為孤島的前途著想，重整家園，否則，我真無法知道，達悟族文化是不是還有未來？

# 女兒的名字

將來女兒會問我她的名字的意思，我會很驕傲的跟她講解達悟族為兒女取名字的文化深遠。當時，我的雙眼一直看著戶口名簿裡女兒四個字的名字，並自語道：「這才是我達悟族的名字。」雀躍的我，彷彿捉到大尾女人魚，分享喜樂給家人……

前幾年長女出生一個月之後，為了替她取達悟族的名字，攜家帶眷的從台北飛到蘭嶼（當時還住台北）。父母親很高興的抱抱他們的孫女，並擇吉日為她取名。家父知道自己在傳統社會的地位，母親亦然。他倆討論了一夜的時間，最後給女兒的名字是Sijyanowa，意思是「芋田田顗，石砌未長過雜草，最勤奮的人。」「你的看法如何？這名字合不合適，孩子。」母親這樣問我。

我說：「敬愛的父母親，孩兒知道，不僅是你們，全鄉的族人都勤勞，尤其你們在盛年歲月無一不在勞動。然而，我和孩子的媽唯恐不配擁有如此高傲的名字，為免落人話柄，取適庸的名字即可。」最後我們決定給女兒名字是Simatnaw（意指清澈無汙濁的水源，SiJyanowa成了女兒備用的名字）。雖然如此，SiJyanowa譯漢語為「施奇諾娃」，滿有美感的，既好聽又不失達悟語的原始涵義。於是立刻與孩子的母親商量說：「就叫女兒施奇諾娃，好不好？」「行啦！還真好聽，可是戶政事務所肯讓你登記嗎？」我孩子母親這樣質問。

第二天，我便興致高昂的到戶政事務所去登記。一位姓李的代理主任說：「你的印章、孩子的出生證明書、戶口名簿，麻煩給我。」於是按照他的指示把文件一一放在服務台上。「出生超過一個月未報戶口要罰九〇塊新台幣，順便在出生證明書上填寫你的女兒的名字。」李先生這樣說：「施奇諾娃」以工整字體寫完後遞給他。「甚……甚……東西呀？『施奇諾娃』四個字啊？你只有一個姓，怎麼會有三個字的名呢？你又不是外國人。」李先生突提高嗓音高叫，令我驚愕。我說：「有什麼不對勁嘛！那是我用母語譯音來的。」「這分明是找我麻煩嘛！咱們中國人向來都是三個字，甚至兩個字就好了。這個我實在沒法子替你登記，長官會說話的；你若取三個字的名字立刻給你辦好。」李先生口氣很堅決的說。我回答：「咱們是中國人沒錯，可是我是達悟族人，在你們漢人沒來之前，我們早就有自己的名字了，是你們用漢文徹底廢除我達悟族取名字的文化，是你們找我們的麻煩呀！其次，在取名字或更改名字的條文裡，難道有規定中國人只能取三個字之內的名字？你實在不講道理，不登記我女兒的名字。」我很憤怒的跟他強辯。我一直以為，使用漢人取名之習俗並沒有什麼不好，但用自己的母語譯成漢文也沒啥不對；再說，母親給我們的名字是有血有汗的，是祖先長期生活在這孤島上自成一格的身分代號，有著歷史與社會的條件的因素。

你看看這幾條條文，李先生捧著民國四十四年取名或改名的條令。我過目看了，其中一條是音譯名字不宜太長（專指外國人）。於是我說：「李先生，這兒沒有規定說，不能有四或五個的名字嘛！」李先生在裡頭踱來踱去，似有不服之意。「先生哪，你的頭腦有點問題，你不想想，假使你的女兒嫁給有兩個字的姓，不就變成了六個字了嗎？成了全台灣最長的名字。」「你的頭腦才有問題呢！滿腦子都是『中國人』。難道中國人是只由一個漢族組成的嗎？腦袋瓜轉轉好不好？再說我的女兒將來嫁人有多長的名字，那是她將來的事，這不用你操心。中國大陸那些少數民族比我女兒名字更長的還多得很呢！幹嘛那麼計較四個字的名字，又不會要你丟掉鐵飯碗！」這時我倆已爭得面紅耳赤，李先生反駁說：「你頭腦才有問題呢！我是好心跟你講，不要給女兒取那麼長的名字，將來她考試，別人已經開始作業了，你女兒還在寫她的名字，這不是你給她找麻煩嗎？」「這些都不干你的事，多一字跟考試有啥關聯？你的責任只是把名字寫上去，蓋『山地同胞』的章不就沒事了嗎？」李先生雙手攤開粉紅色的出生證明書，憤憤不平的一直搖頭，還拿著家人的戶口名簿猛說：「神經有問題……你看！」李先生突然又怒吼：「在簿子上寫不下四個字。」我立刻伸頭看個究竟。「李先生呀，字幹嘛寫那麼大，寫小一點，那一格不就剛好寫滿嗎？」李先生調整眼鏡框看了我一眼，悶不吭聲的，憤怒極了。而我在他寫完之後，心情特別的高興；興奮不是因為說服了頑固的、充滿中原沙文意識的李先生（在此無須說起他漢人的主觀意識），而是將來女兒會問我她的名字的意思，彼時我會很驕傲的跟她講達悟族為兒女爭取名字的文化深意。當時，我雙眼一直看著戶口名簿裡女兒四個字的名字，並自語道：「這才是我達悟族的名字。雀躍的我，彷彿捉到大尾的女人魚，分享喜樂給了家人。」

兩年半之後，我又添了女兒，同樣的我也用達悟音譯成漢字。李先生仍舊在戶政事務所把關。當時早已把二女兒的名字寫在出生證明書上。李先生看了又看，並且說：「這一回怎麼又多了一個字呢？」他唉聲嘆氣的猛搖頭，並未即刻填寫到戶口名簿上，只是一直站著目不轉睛的注視著五個字的名字，久久才說一聲：「先生，你的二女兒名字是五個字沒錯吧？」『施奇諾貝莎』。」李先生一邊說一邊唸，在旁邊的女幹事突然咧嘴笑出聲來。這個時候李先生拿起筆來，並不像前一回那樣憤怒，他細心的唸道：施——奇——諾——貝——莎。「沒錯吧！」李先生道。「準沒錯，李大哥。」我回答。他繼續說：「再添一個女兒的話，是不是要給她六個字的名字啊！」「那當然，希望你幫個忙，快點寫。」我的笑聲早撫平了李先生憤懣的心。

長次及次女擁有這樣的名字以後，達悟朋友常半諷刺地說：「你的頭腦真有問題呢，你到底在想什麼呀？大家習慣使用三個的名字已經好久了，這樣的名字對你有何好處……」有時我懶得答辯，有時我會依達悟從子名制的習制來回答，譬如單身未嫁未娶或結婚仍無子女泛稱Si某某，結婚生子（女）後陽性為Syaman某某、陰性為Sinan某某（意思是某某孩子的爸爸或媽媽，祖父母亦跟著變更。）所以，當達悟人有了子女，卻仍稱呼單身、無子嗣時的名字，是最大忌諱，也是對他人最不尊敬的表現。因此，在跟這些朋友談到孩子的名字時，我總解釋道：「這就是尊嚴、自信心的泉源，讓他們知道自己的身分是達悟族或是原住民族，而不是令人不解的『山地同胞』的汙名。」

有為數不少的台灣原住民朋友，近年來在各種集會頻頻呼籲多種母語教學（或雙語教學），試圖挽回即將消散的各族方言，亟思保留語言文化的一絲尊嚴。雖然效果不彰，但至少在努力。可是在這同時，也希望大家，尤其政府行政機關幫助原住民回歸原姓，讓我們跟漢人一樣擁有自己母親的名字。母親的名字不是原住民各族「亂倫」的根源，而是在冠漢姓賜漢名之後所發生的悲劇。我為女兒的名字吵架，其實不為了什麼，僅是爭取她應該有達悟族的名字，讓她也了解她是達悟族人而已。

〈原序〉

# 孤舟夜航的驕傲

小的時候，在沒有被褥的冬季的夜晚，父親為了溫暖我瘦瘦的體格，經常以結實有力的胳臂緊緊的把我裹在懷裡，而後講些好聽的達悟童話故事，讓我融在這樣的時空安詳的睡著。每年春天的飛魚旺季，我便在海邊期待、祝福阿爸滿載歸來。卵石上條條銀白色的、黑色翅膀的飛魚，更使我在午夜時分精神抖擻。這時，父親又不厭其煩的，用他那善於描繪形容的嘴，清楚的、耐心的口述飛魚故事的來龍去脈，並且一遍又一遍。此使我幼小心靈中，深深體會到族人為求生存，長久的與大海搏鬥的艱辛。於是，自懂事起即萌芽著，將來有朝一日，必單獨划船出海捕撈飛魚，親身體會族人那顆難以形容的「孤舟夜航的驕傲」的心。

時移物換，這樣的願望在廿多年後的今天，方得實現。當時，在六、七〇年代的達悟孩童，莫不視台灣為「人間天堂」。可是，阿爸在時光隧道裡，早已老邁衰弱，船隻已棄置路旁草叢裡，他日日望著海洋，深陷的瞳眸，可意會阿爸對海的熱愛；鬆弛的線條依舊顯明的肌肉，令我肅然起敬。人確實老了，但是父親的神話故事更精彩了，故事裡有了詩歌，有了達悟曆法的知識，有了祖先的歷史演進，增加了許多達悟人應該了解的傳統知識、生存技藝等等。最後，要我與他合力造舟，實現了我兒時的心願，同時更是阿爸這一生對我最大的願望——達悟男人必要學習造船的技藝。彼時兒時記憶裡被裝進一大堆當時不了解的神話故事，如今，在從事傳統勞動生產時，一一應驗了。

在上山伐木的過程，父親的神話故事教育我，因此體驗故事裡頭言及禁忌的事物，確實與島上的生存環境息息相關；對我這已漢化的達悟青年而言，真的豐富了我的人生，了解部份自己民族的歷史，使我更熱愛珍惜自己民族的一切，並萌生關懷弱者的胸襟。

我以為，初民民族神話故事之流傳，有其充分的自然背景及必要的社會條件；而這些便是她的文化世界觀、哲學觀、價值觀等的整體。所以，神話衍引出來的習俗之內涵，絕不是現代人主觀意識所謂的「迷信」、「荒謬」的；反之，神話故事的消失，即是一個民族文化思維的貧窮，您說呢？

最後，由衷感激所有關心台灣原住民不幸的漢人朋友及我的女人凱珍、家人；對這些朋友的敬佩，謹以海洋不變的律動來表示。

獻給

我所敬愛的，

終生勞動的達悟老人。

迷航的飛魚青年，

在都會裡沒有海洋潮聲的指引。

夏曼・藍波安

一九九一・十二・十二

當代名家 夏曼·藍波安作品集2

# 八代灣的神話

2022年6月二版 定價：新臺幣390元
2023年8月二版二刷
有著作權・翻印必究
Printed in Taiwan.

| | |
|---|---|
| 編著 | 夏曼·藍波安 |
| 繪圖 | 儲嘉慧 |
| 叢書主編 | 邱靖絨 |
| 校對 | 楊蕙苓 |
| 封面設計 | 黃暐鵬 |
| 內文排版 | 翁國鈞 |

| | |
|---|---|
| 出版者 | 聯經出版事業股份有限公司 |
| 地址 | 新北市汐止區大同路一段369號1樓 |
| 叢書主編電話 | (02)86925588轉5305 |
| 台北聯經書房 | 台北市新生南路三段94號 |
| 電話 | (02)23620308 |
| 郵政劃撥帳戶 | 第0100559-3號 |
| 郵撥電話 | (02)23620308 |
| 印刷者 | 文聯彩色製版印刷有限公司 |
| 總經銷 | 聯合發行股份有限公司 |
| 發行所 | 新北市新店區寶橋路235巷6弄6號 |
| 電話 | (02)29178022 |

| | |
|---|---|
| 副總編輯 | 陳逸華 |
| 總編輯 | 涂豐恩 |
| 總經理 | 陳芝宇 |
| 社長 | 羅國俊 |
| 發行人 | 林載爵 |

行政院新聞局出版事業登記證局版臺業字第0130號

本書如有缺頁，破損，倒裝請寄回台北聯經書房更換。 ISBN 978-957-08-6378-9 (平裝)
聯經網址 http://www.linkingbooks.com.tw
電子信箱 e-mail:linking@udngroup.com

國家圖書館出版品預行編目資料

八代灣的神話 / 夏曼・藍波安著．儲嘉慧繪圖．
二版．新北市．聯經．2022.06．176面．14.8×21公分．
(當代名家　夏曼・藍波安作品集2)
ISBN　978-957-08-6378-9（平裝）
[2023年8月二版二刷]

539.5339　　111008224